महाराणा प्रताप चरित्र

ऐतिहासिक काव्यमय प्रस्तुति

प्रो. रत्नाकर नराले

Pustak Bharati, Toronto, Canada

Composition : Dr. Ratnakar Narale,
Prof. Hindī, Ryerson University, Toronto.
Editor-in-Chief : Pustak Bharati Research Journal, ISSN 9006788
email : ratnakarnarale@gmail.com
web : www.ratnakar-narale.com

Book Title : महाराणा प्रताप चरित्र

महाराजा चाच, दाहीर, बप्पा रावल, पृथ्वीराज चौहान, लक्ष्मणसिंह, महारानी पद्मिनी, हम्मीरसिंह, राणा मोकल, राणाकुम्भा, महाराणा संग्रामसिंह, महाराणा उदयसिंह सहित राजपूताने के संपूर्ण इतिवृत्त और राजपूत वंशावलियों और मानचित्र-नक्शों समेत महावीर महाराणा प्रतापसिंह के स्वर्गारोहण तक के विस्तृत हृदयंगम इतिहास का दोहा छंद में गीत संगीत के साथ प्रात:स्मरणीय चरित्र.

Published by :
Pustak Bharati, Toronto Canada

Copyright ©2023
ISBN 978-1-989416-38-9

ISBN 978-1-989416-38-9

9 781989 416389

समर्पण

महावीर बप्पा रावल से आज तक के
सभी स्वतंत्रता सेनानी और भारत के शहीद एवं
प्रस्तुत जवानों के
परम त्याग व बलिदान को ससम्मान समर्पित.

卐

Dedicated to
My loving Grandchildren
Samay, Sahas, Saanjh, Saaya,
Naksh, Nyra and Navay

राणा प्रताप चरित्र गीत माला, पुष्प 1

दादरा ताल, 12 मात्रा

महाराणा प्रताप का प्रस्तुत चरित्र

स्थायी

कविता होगी न ऐसी हुई है, राग-छंदों भरी ये नदी है ।
कवियों ने कहानी जो कही है, पद्य दोहों की वाणी यहीं है ।।

रेरेसा रे-रे- रे ग-रे सारे- ग-, रे-ग म-म- मप- म- गरे- रे- ।
सासारे- रे- रेग- रे- सारे- ग-, रे-ग म-म- म प-म- गरे- रे- ।।

अंतरा-1

इसमें वो है जो कहने सही है,
परधर्मों की निंदा नहीं हैं ।

वेद शास्त्रों का आशय यही है, संत-मुनियों ने गाया वही है ।।

सां-सां नि- सां- सां धधनि- धप- म-,
सां-सांनि- सां- निध-नि- धप- म- ।

म-ग म-म- म प-मम गम- प-, रे-ग ममम- म प-म- गरे- रे- ।।

अंतरा-2

ज्ञान गंगा जो मंगल बही है,
राजपूतों की गाथा यही है ।

बात ग्रंथों में जो आगयी है, मैंने संगीत में वो कही है ।।

अंतरा-3

पुण्य अवतार शिव-शंभुजी का,
जिसका इतिहास है सबसे नीका ।

जिसका जीवन सदा धर्मनिष्ठा, उसकी आराधना ये सही है ।।

3

राणा प्रताप दोहावली अनुक्रम

वंदना प्रकरण	5
श्रीगणेश वंदना	8
सरस्वती वंदना	9
एकलिंग शिवजी वंदना	10
मैं रत्नाकर	16
पार्श्वभूमि प्रकरण	23
राजपूतों की कहानी, प्रजापति से सन 565 तक	26
सिंध, सन 631–712	32
सिंध देश के महाराजा चाच 631–671	32
सिंध देश के महाराजा दाहीर, 678–712	34
मेवाड़, सन 550–1303	36
महाराजा बप्पा रावल 703–753	37
गजनी के सत्रह हमले 1000–1027	41
दिल्ली के पृथ्वीराज चौहान की कहानी 1163–1192	61
महावीर महाराणा संग्रामसिंह की कहानी 1505–1528	76
महावीर महाराणा प्रतापसिंह की कहानी, सन 1572	86
हल्दीघाटी की लड़ाई, सन 1576	89
कुम्भलगढ़ का युद्ध, सन 1578	92
दिवेर–चपली का युद्ध	94
महावीर महाराणा प्रताप सिंह का स्वर्गारोहण, सन 1597	96
श्रद्धांजलि	97
Appendix 1-10	101–123
संदर्भ ग्रंथ	124

4

१

वंदना

प्रकरण

मंगलाचरण

मंगलाचरण

बुद्धि सिद्धि दाता को नमन

दोहा छंद

दोहा नमन करूँ परमातमा, परम ब्रह्म भगवान ।
गायत्री की वंदना, मस्तक टेक प्रणाम ।।

सासासा रेग- रेगम-गम-, पपप म-ग रेगम-म ।
ग-गम- ग- म-गरे-, सा-सासा रे-ग रेसा-सा ।।

पुरुष-प्रकृति को मेरा, साष्टांग नमस्कार ।
भोले शंकर पार्वती! करिए मम उद्धार ।।

लक्ष्मी नारायण प्रभो! शेषशायी भगवान ।
पद्मनाभ लक्ष्मीश के, गाऊँ कीर्तन गान ।।

शिवनंदन श्री गणपति, गणेश श्री गणनाथ ।
सरस्वती माँ शारदे! जोडूँ दोनों हाथ ।।

जनक नंदिनी जानकी, दशरथ सुत रघुनाथ ।
मनहर राधा कृष्ण को, नमन हृदय के साथ ।।

अर्जुन, भीम प्रवीर को, और युधिष्ठिर भ्रात ।
यशोदा-नंदनंदिनी! प्रणाम तुमको, मात! ।।

मंगलाचरण

विश्ववृक्ष अश्वत्थ तू, अद्भुत दैवी रूप ।
विश्वरूप श्रीकृष्ण जी! पूजूँ मैं, सुरभूप! ।।

देव-देवता सर्व ही, गुरुजन जितने ज्ञात ।
मात-पिता मम पूज्य के, चरणन में प्रणिपात ।।

नमो नमः प्रभु इंद्र को, वरुण देव! सम्मान ।
धन्य कियो पितु मातु को, राम भक्त हनुमान ।।

वन्दे पावक-देवता, अंतरिक्ष आकाश ।
धरती जगमाता तथा, नवग्रह दिव्य प्रकाश ।।

पँच भूत को धीमहि, तीन गुणों को और ।
सर्व भूतगण भूमि के, वनस्पति सब ओर ।।

गिरि सरिता सागर मही, नमामि तन मन जोड़ ।
सूर्य चंद्र तारे सभी, बिना किसी को छोड़ ।।

(और)

उपनिषदों को ध्याऊँ मैं, वैदिक ज्ञान प्रमाण ।
देवर्षि नारद मुनि, त्रिभुवन में रममाण ।।

तीन-मुखी गुरु दत्त श्री, सुर सेनापति स्कंद ।
सुभक्त ध्रुव प्रह्लाद को, स्मरण करूँ सह छंद ।।

गुरु पाणिनि पातंजलि, दीन्हा मुझको ज्ञान ।
यास्क पिंगल से मुझे, मिला छंद अभिधान ।।

व्यास बाल्मीक मम गुरो! तुम्हीं सच्चिदानंद ।
काव्य ज्ञान के स्त्रोत हो, तुलसी रामानंद ।।

जय भारत संतान वे, शिवा प्रताप महान ।

मंगलाचरण

लक्ष्मी के बलिदान ने, दिया हमें अभिमान ।।

आदि शंकराचार्य श्री, नमन वल्लभाचार्य ।
रामानुज माधव तथा, यमुना वरदाचार्य! ।।

मीरा ने कीर्तन दिए, कविता ब्रह्मानंद ।
योग विवेकानंद ने, गायन सत्यानंद ।।

वंदन राजा चाच को, दाहीर को प्रणाम ।
बप्पा रावल को नमो, नमः सिंह–संग्राम ।।

राणा प्रताप सिंह को, वंदन सौ–सौ बार ।
हिंदुराष्ट्र स्थापित किया, तुम्हें पुष्प के हार ।।

ऋषि–मुनि योगी संत को, हिरदय अपना वार ।
ज्ञानी ध्यानी सकल कों, वंदन बारंबार ।।

कवि लेखक जन सर्व को, सुहृद जन प्रत्येक ।
प्रोत्साहन जिनसे मिला, वंदन घुटने टेक ।।

।। हरि ॐ तत् सत् ।।

श्रीगणेश वंदना

राणा प्रताप चरित्र गीत माला, पुष्प 2

खयाल : राग यमन, तीन ताल 16 मात्रा

स्थायी

मंगल वंदन सुमिरण प्यारे, सुखकर गान गणेश तुम्हारे ।

नि–पप रे–सासा गरेमंधप रे–सा–, ऩिऩिरेरे ग–मं मंनिधप परे–सा– ।

अंतरा–1

मंगलाचरण

गणपति बाप्पा परम पियारे, गण नायक विघ्नेश दुलारे ।

पगपप सां–सां– निरेंगं रेंनिरेंसां–, सांगं रेंसांसांनि धपगमंध परे–सा– ।

अंतरा–2

निहार सुंदर काम तिहारे, भगत सभी हैं दास तुम्हारे ।

दोहा **वन्दे गणपति शारदा! जय गुरु! जय भगवान्! ।**
भक्ति बुद्धि देना मुझे, स्वर किरपा वरदान ।।

दया क्षमा मन में रहें, धीरज धरूँ अपार ।
श्रद्धा विद्या विनय हों, सदाचार व्यवहार ।।

सदा रहूँ मैं शरण में, स्मरण करूँ दिन–रात ।
मरण मुझे देना, प्रभो! परम शाँति के साथ ।।

सरस्वती वंदना

राणा प्रताप चरित्र गीत माला, पुष्प 3

आलाप

सां – रें सां – निध पम प – म ग –

गप निप रे – रे रे – ग प प – म म –

स्थायी

प–निधनि पग–गसा म–प म–, ससा म– पधध रेंसां धनिप ध– ।

पपनिधनि पगग गसाम–प म–, सा– म–पध– रेंसांधनिप ध– ।। सा–

देवी सरस्वती ज्ञान दो, हमको परम स्वर गान दो ।

हमरा अमर अभिधान हो, माँ शारदा वरदान दो ।। दे

अंतरा–1

सां–सां– सांसां– रेंरें गं–रेंगं–, गंमंरें– गं सांनि धनि गंरेंगंरेंसां–,

मंगलाचरण

सां-रेंनि नि धप पप निधनिपम- ।
पप निधनिप ग- गसाम-प म-, सा- म-पध- निसांरें-नि पग ।। सा-

तेरी करें हम आरती, तेरे ही सुत हम भारती,
तेरे ही सुत हम भारती ।
सब विश्व का कल्याण हो, माँ शारदे वरदान दो ।। देवी

अंतरा-2

तुम ही हो बुद्धि दायिनी, तुम ही महा सुख कारिणी ।
तुम ही गुणों की खान हो, माँ शारदे वरदान दो ।। देवी

अंतरा-3

तेरी कृपा से काम हो, जग में न हम नाकाम हों ।
हमको न कभी अभिमान हो, माँ शारदे वरदान दो ।। देवी

अंतरा-4

तुम हो कला की देवता, देवी हमें दो योग्यता ।
हमको हुनर परिधान हो, माँ शारदे वरदान दो ।। देवी

माँ शारदे वरदान दो, माँ शारदे वरदान दो,
माँ शारदे वरदान दो ।। देवी

एकलिंग शिवजी वंदना

राणा प्रताप चरित्र गीत माला, पुष्प 4

स्थायी

आओ संतन, आओ भगतन, शिव शंकर के करिए कीर्तन ।
सा-गम प-पप, प-धनि धपमम, गग ग-मम म- धपम- गगरेरे ।

अंतरा-1

जपा कमल के फूल चढ़ाओ, ज्योत जलाओ, भोग लगाओ ।

10

मंगलाचरण

प्रसाद पाओ मंगल वाला, भालचंद्र को करके वंदन ।।

रेग- ममम म- ध-प मग-म-, नि-ध पम-प-, ध-प मग-म- ।

सांसां-नि प-ध- सां-निध प-ध-, प-म ग-रे म- धपम- ग-रेरे ।।

अंतरा-2

शंभु पिता हैं, उमा है माता, गौरी-शंकर शुभ वर दाता ।

आओ सत् जन, शिव-अंबा के, पावन आशिष करिए अर्जन ।।

अंतरा-3

नाम शिवा के और उमा के, परम प्रेम से करिए सुमिरण ।

दीन दयाला शिव-दुर्गा के, ध्यान लगा कर करिए चिंतन ।।

अंतरा-4

हाथ जोड़ कर, शीश झुका कर, जय जय बोलो शिव-भोले की ।

निर्मल हिरदय, तन मन अपना, शिव चराणों में करिए अर्पण ।।

राणा प्रताप चरित्र गीत माला, पुष्प 5

भजन : राग काफी, कहरवा ताल 8 मात्रा

शिव पार्वती गणेश

स्थायी

शिव पार्वती गणेश, जय जय, शिव पार्वती गणेश ।

जय जय, शिव पार्वती गणेश । ध्याऊँ तुमको पाऊँ तुम को,

वंदन करूँ महेश । शिव पार्वती गणेश ।।

-निनि नि-निसांप पपध-प मग सानि़, -नि़सा रेपमरेसा नि़सा - - सा ।

मरे सानि़- नि़सा रेपमरेसा नि़सा- - - - - - सा ।

-मपनि- निनिनि- -सां-सां रेंनिसां-,

-नि-निनि धमप धप- - -मधपमगरेसानि़ ।

नि़सा रेपमरेसा नि़सा- - - - - - सा ।।

अंतरा-1

मंगलाचरण

ज्यों हि तुमरे सुमिरण कीन्हे, सपनन तुमने दर्शन दीन्हे ।
भवसागर से सुखसागर में, दूर–हुए क्लेश,
शिव पार्वती गणेश ।।

–निध म पपप– –निधमम प–प–,
–निधम– पपपसां– निधमम प–प– ।
–मप निनिसां सां– –सांगं रेंसांरेंनि सां–,
–नि–निनिधमप धप– – –मधपमगरेसानि़ ।
नि़सा रेपमरेसा नि़सा– – – – – – – सा ।।

अंतरा–2

जो भी तुमरे दर पर आवे, पल में उसके घर भर जावे ।
दुःख जगत के वो तर जावे, तेरी कृपा उमेश ।
शिव पार्वती गणेश ।।

अंतरा–3

कोई तुमसे अलख नहीं है, सारी तुमसे व्याप्त मही है ।
तेरी कृपा से हसरत मेरी, पूर्ण हुई अशेष ।
शिव पार्वती गणेश ।।

मातृभूमि भारत वंदना

राणा प्रताप चरित्र गीत माला, पुष्प 6

स्थायी

हिंदुभूमि ये भारत हमारा, सारी दुनिया में हमको है प्यारा ।
इसका इतिहास सुंदर नियारा, दिव्य भारत हमारा जियारा ।।

म–गम–म– म प–म– गम–प–, मप धधध– नि सां–नि– ध प–म– ।
म–प धधध–ध नि–ध– पम–प–, म–प ध–ध– सांनि–ध– धप–म– ।।

अंतरा–1

मंगलाचरण

इसकी धरती है सोने की माटी, इसके सिर पर हिमालय की चोटी ।
इसकी नदियाँ हैं अमृत की धारा, इसके पग में समुंदर किनारा ।।
सां–सां नि–सां– नि ध–नि– ध प–म–, सां–सां नि– सां– निध–नि– ध प–म–।
म–ग ममम– म ध–प– ग म–प–, ग–म पप प– पध–नि– धप–म–।।

अंतरा–2

इसकी आभा है अंबर की ज्योति, चाँद सूरज हैं कुण्डल के मोती ।
रम्य अनुपम है इसका दीदारा, विश्व का है ये उज्ज्वल सितारा ।।

अंतरा–3

इसकी वायु में सौरभ घनेरा, इसका मंगल है साँझ और सवेरा ।
इसमें आनंद है अद्भुत अपारा, ये है कुदरत का मनहर नज़ारा ।।

अंतरा–4

मोर कोयल पपीहे हैं गाते, टेर कुहू हैं मंजुल सुनाते ।
संग सावन का शीतल फुहारा, सारे वतनों में ये है दुलारा ।।

अंतरा–5

पर नारी यहाँ पर है माता, भाईचारे का सबमें है नाता ।
यहाँ इंसानियत का बसेरा, शुभ शाँति अहिंसा का नारा ।।

अंतरा–6

इसकी संतानें हैं वीर ज्ञानी, संत योगी कलाकार दानी ।
स्नेह सेवा शराफत का डेरा, स्वर्ग से प्रिय है देश मेरा ।
स्वर्ग से प्रिय है देश हमारा ।।

(कोरस)

जय हो जय हो, तेरी जय हो जय हो,
जय हो जय हो, सदा जय हो जय हो ।
सां– सां नि– सां–, निध– नि– ध प– ध–,

मंगलाचरण

सां– सां नि– सां–, निध– नि– ध प– म–।

हिंदी वाणी वंदना

राणा प्रताप चरित्र गीत माला, पुष्प 7

स्थायी

वाणी सरस्वती की, है देन गणपति की ।
उज्ज्वल ये संस्कृति की, हिन्दी है राष्ट्रभाषा ।। हिन्दी है॰

रे–रे– मप–मग– रे–, म प–ध पपमग– म– ।
नि–ध– प मगरे– म–, ध–प– म ग–मरे ग– ।।

अंतरा–1

सुनने में है लुभानी, गाने में है सुहानी ।
सबसे मधुर ये जानी, ब्रह्मा इसे तराशा ।। हिन्दी है॰

निनिध– प म– पध–प–, सां–नि– ध प– धप म– ।
रेरेरे– गप– म ग–म–, ध–प– मग– मरे ग– ।। ध–प–

अंतरा–2

संस्कृत की ये सुता है, ऊर्दू की ये मीता है ।
मंगल सुसंगीता है, सुंदर ये हिन्दी भाषा ।। हिन्दी है॰

अंतरा–3

हिन्दी ये वो जुबाँ है, जिस पर सभी लुभाँ हैं ।
दुनिया का हर सूबा ही, हिन्दी का है निबासा ।। हिन्दी है॰

अंतरा–4

मनहर गुलों की क्यारी, बोली सभी से न्यारी ।
हिन्दी है सबको प्यारी, चाहे जो हो लिबासा ।। हिन्दी है॰

दोहा वाणी कीन्ही शारदा, गणपति की है देन ।
परंपरा उज्ज्वल जिसे, सुंदर उसका बैन ।।

मंगलाचरण

हिन्दी हमरी मातु है, हमको देती ज्ञान ।
देकर दैवी संस्कृति, दूर करे अज्ञान ।।

संस्कृत वाणी की सुता, उर्दू की है मात ।
नौ रस से जो पृक्त है, ज्ञानी जन को ज्ञात ।।

देवनागरी है लिपी, पवित्र हैं उच्चार ।
गद्य पद्य व्यवहार में, छंद राग शृंगार ।।

संस्कृत की ये उपनदी, अमृत इसका तोय ।
उर्दू नदी समा गई, गहरी नदिया होय ।।

नवम सदी में होगए, कविवर गोरखनाथ ।
हिन्दी भाषा फिर बढ़ी, बरदाई के साथ ।।

तुलसी मीरा जायसी, कबीर रामानंद ।
सूरदास रैदास के, पद देते हैं आनंद ।।

दोहा रोला कुण्डली, चौपाई के संग ।
कवित्त सोरठ छंद से, हिन्दी पद में रंग ।।

हिन्दी भाषा सुगम है, कहते संत सुजान ।
चारु मनोरम सुखद है, जिन्हें काव्य का ज्ञान ।।

सुरस सुलभ सुखकार है, जग में भाषा एक ।
हिन्दी वह शुभ नाम है, जानत हैं जन नेक ।।

हिन्दी में जो शान है, और न पायी जाय ।
हिन्दी जो है जानता, वही समझ यह पाय ।।

ऐसा कोई देश ना, जहाँ न हिन्दी लोग ।

मंगलाचरण

जहाँ काव्य संगीत में, हिन्दी का न प्रयोग ।।

अलंकार से जो भरी, तुमने, हे वागीश! ।
हिन्दी भाषा दी हमें, धन्यवाद, जगदीश! ।।

हिन्दी भाषा से हमें, रहे सदा ही प्यार ।
हिन्दी भाषा को नमो, नमः कहो शत बार ।।

राजपूत वीर वंदना

दोहा   शूर वीर रणधीर थे, राजपूत घमसान ।
देशभक्त वलबीर थे, योद्धा वे तूफान ।।

महान उनके त्याग से, पाकर परम उमंग ।
भारत के इतिहास में, चढ़ा केसरी रंग ।।

रखिये उनके याद हम, दिव्य कर्म उपकार ।
गौरव उनका स्मरण में, रखे सदा संसार ।।

करिये उनको वंदना, झुकाय अपना शीश ।
देना उनको विश्व में, कीर्ति परम, जगदीश! ।।

मैं रत्नाकर

दोहा   सर्व-भूत हित के लिए, नारद महामुनीश ।
भुवन-भुवन में भेंट कर, आए भारत देश ।।

उनके मन थी धारणा, भारत पावन देश ।
दान-धर्म सत्कर्म से, पूजित है परमेश ।।

गाँव-गाँव मंदिर यहाँ, भक्ति-भाव सब ओर ।
भक्ति गीत उच्चार शुभ, सुबह निकलते भोर ।।

मंगलाचरण

(मगर)

आए जब मुनिवर यहाँ, लेकर मन में आस ।
हाल यहाँ का देख कर, कर न सके विश्वास ।।

मंदिर-मूरत भग्न हैं, लोग हुए हैं त्रस्त ।
सब विध भ्रष्टाचार है, सदाचार है अस्त ।।

शास्त्र ग्रंथ हैं जल चुके, लाख-करोड़ तमाम ।
ज्ञान संपदा भस्म है, अपर द्वेष के नाम ।।

सुलतानों का राज है, धर्मांतर पर जोर ।
हिंदू जन हैं कर रहे, हाय! हाय! का शोर ।।

दोहा   लख कर अत्याचार को, घबड़ा गए मुनीश ।
आए मुनि कैलास पर, मिलने शिव जगदीश ।।

कैसी हो जनता सुखी, फिर से हो उद्धार ।
कैसे भ्रष्टाचार से, कैसे हो निस्तार ।।

शाँति-प्रीति मय देश था, हुआ पूर्ण उध्वस्त ।
जहाँ-तहाँ सद्भाव का, किया गया है अस्त ।।

अब तो होना चाहिए, इस अधर्म का अंत ।
शिवजी राजस्थान में, लो अवतार ज्वलंत ।।

(और फिर)

दोहा   प्रणाम शिवजी को किए, बोले मुनिवर बात ।
नैनन में आँसू भरे, काँप रहे थे गात ।।

शिव-अंबा थे सुन रहे, उत्सुकता के साथ ।
मुनिवर थे बतला रहे, उभय जोड़ कर हाथ ।।

मंगलाचरण

भारत माता है दुखी, अधर्म का है जोर ।
सुलतानों ने देश भर, मंदिर डाले तोड़ ।।

उन्हें डर न भगवान से, करते भ्रष्टाचार ।
नर–नारी पर रात दिन, अत्याचार प्रहार ।।

ऐसा कोई पाप ना, जो न हो रहा रोज ।
नई–नई तरकीब की, करत रहे हैं खोज ।।

पुरा काल में होगए, कंसादिक जो दुष्ट ।
इनके आगे वे सभी, लगते बालक धृष्ट ।।

प्रभो! समय है आगया, लेने को अवतार ।
धर्म पुनः स्थापन करें, अधर्म का संहार ।।

राणा प्रताप चरित्र गीत माला, पुष्प 8
भजन : राग मालकंस, कहरवा ताल 8 मात्रा

रत्नाकर

सुर मधु तेरी वेणु का, जबसे सुना अनूप ।
आस दरस की है लगी, सपनन आ सुर भूप ।।
रेरे गम ग–गा प–म प–, पपनि– धप– निध–ध ।
म–म ममम म– प– मग–, रेरेरेरे ध– पग म–म ।।

स्थायी

प्यार हुआ है मुझको सुर से ।
गमग सानिसा धनि सासाम– गग म–म ।

अंतरा-1

प्यार हुआ है मुझको जब से,
मुरली मनोहर दामोदर से ।

18

मंगलाचरण

ग्रीष्म गया है मेरे चित से,
बसंत बरखा नित बरसे ।।

ग–म मध– नि– सांसांसां– गंनि सां–,
निनिनि निनि–निध धनिसांनिधम म– ।
सां–सां सांगं– गं– सांमंगंसां निनि सां–,
सांमं–गं सांनिसां– धनि सांनिधमगसा– ।।

अंतरा–2

रात न सूनीं कारी अँधेरीं, तरसाये चिंता न घनेरी ।
प्रीत मेरी धनुधर से जिगरी, बंसीधर से, श्रीधर से ।।

अंतरा–3

मीरा राधा जस बलिहारी, पार्थ सुदामा की जस यारी ।
चाह मेरी यदुवर से गहरी, बनवारी से, गिरिधर से ।।

दोहा गौरी ने चाहा यथा, ज्यों शिवजी की प्रीत ।
रत्नाकर है लिख रहा, चरित कथा संगीत ।।

सुने निहारे हैं यथा, नारद जी ने आप ।
रत्नाकर है लिख रहा, छंद राग आलाप ।।

यथा दे रहे प्रेरणा, श्री शारदा गणेश ।
रत्नाकर है लिख रहा, अनुप्रास तुक श्लेष ।।

बालमीक ने ज्यों हमें, दिया अनुष्टुभ् छंद ।
रत्नाकर है लिख रहा, श्लोक सहित आनंद ।।

महर्षि पिंगल ने यथा, कहा अष्ट–गण वृंद ।
रत्नाकर है लिख रहा, विविध मनोरम छंद ।।

प्रताप के शुभ चरित के, चारु मनोहर गीत ।
रत्नाकर है लिख रहा, राग–बद्ध संगीत ।।

मंगलाचरण

सरस्वती ने जो रचा, अद्‌भुत ऐसा गीत ।
रत्नाकर है लिख रहा, वही अतुल संगीत ।।

<u>राणा प्रताप चरित्र गीत माला, पुष्प 9</u>

गज़ल : राग यमन कल्याण

मंदमति

स्थायी

बेद पुरान दस पढ़े, हमें ज्ञान आया नहीं ।
तकरीर प्रवचन सब सुने, मगर ध्यान पाया नहीं ।।
सा–सा सारे–सा ग– मंग–, धप– मं–ग ध–प– मंग– ।
सासारे–रे गगम– ध– पमं–, धप– मं–ग मं–ग– रेसा– ।।

अंतरा–1

इल्म था जब बँट रहा, हमरे तक आया नहीं ।
सिलसिला तो आगया, मगर ऐलान आया नहीं ।।
सा–रे ग– मं– धप मंग–, धधप– मंग ध–प– मंग– ।
सा–रेग– मं– प–मंग–, निध– प–ध–प मं–ग– रेसा– ।।

अंतरा–2

अक्ल पर ताले पड़े, हमें जेहन आया नहीं ।
उस्ताद बजा कर थक गए, हमें गान आया नहीं ।।

अंतरा–3

मुकद्दर का सिकंदर, नसीब पाया है वही ।
फरिश्ता बगल से निकल गया, हमें जान पाया नहीं ।।

मंगलाचरण

(हिंदू)

स्वाभिमानी मनुष जो कहता, हिंदू अपने आपको ।
कृतकृत्य वो सफलमनोरथ, करता अपने बाप को ।।

दोहा "चौरासी लख भग फिरे, नर योनि का योग ।
लाखों नर योनि फिरे, हिन्दु जन्म का भोग ।।

"कृत्रिम दीक्षा को लिए, अन्य धर्म में स्थान ।
हिन्दु धर्म ईश्वर दिया, जन्म जात है दान" ।।

राणा प्रताप चरित्र गीत माला, पुष्प 10

राग : मालकंस, तीन ताल

रत्नाकर अनुनय

स्थायी

प्रभु तेरी दुआ से जीना है, अरु तेरी दुआ से मरना है ।
मम गमग सनि़सा धनि सा–म– म–, मम गमग सानि़सा धनि सासाम– म– ।।

अंतरा–1

अब दे दे जो कुछ देना है, वापस ले जब लेना है ।
तेरी दुआ से जीना मरना, तेरे हाथ में सब कुछ है ।।
गग म– ध– ध– धध सांगंनि– सां–, नि–निनि नि– निनि धनि़सांनि– धम ।
सां–सां सांगं– गं– सांमंगंसां निनिसां–, सांमंगंसां नि–सां सां धनि सांनि धमगसा

अंतरा–2

मेरे सपने मेरे अपने, तेरी कृपा से सब शुभ हैं ।
तेरी दुआ और तेरी किरपा, डोरी तेरे हाथ में है ।।

अंतरा–3

तेरी छाया तेरी माया, तेरी दया भी साथ में है ।
जग तेरे हाथ बिलौना है, तेरे हाथ खिलौना है ।।

मंगलाचरण

राणा प्रताप चरित्र गीत माला, पुष्प 11

दादरा ताल

(हे प्रभो!)

स्थायी

मेरे माता-पिताश्री तुम्हीं हो, मेरे भ्राता सखा भी तुम्हीं हो ।
ज्ञान सोता सविता तुम्हीं हो, मेरे धाता विधाता तुम्हीं हो ।।

सानि़ सा-सा- सारे-सा- नि़सा- रे-, सारे ग-ग- गम- ग- सारे- सा- ।
सा-नि़ सा-सा- साग-रे- सारे- म-, रेग प-म- गरे-म- गरे- सा- ।।

अंतरा-1

मेरे गानों की स्फूरत तुम्हीं हो, मेरे ध्यानों की सूरत तुम्हीं हो ।
मेरे ख्वाबों की मूरत तुम्हीं हो, मेरी साँसों के दाता तुम्हीं हो ।।

रेग म-म- म प-म- गरे- म-, गम प-प- प नि-ध- पम- प- ।
गरे म-म- म प-म- गरे- म-, रेग म-म- ग प-म- गरे- सा- ।।

अंतरा-2

मेरे जीवन की गाथा तुम्हीं से, सारे जन्मों का नाता तुम्हीं से ।
मेरा जीना सुहाता तुम्हीं से, मेरे ताता और त्राता तुम्हीं हो ।।

अंतरा-3

मोहे भूमि पर लाया तुम्हीं ने, मोहे प्रीति से पाला तुम्हीं ने ।
मोहे मुक्ति दिलाना तुम्हीं ने, मेरी गीता कविता तुम्हीं हो ।।

अंतरा-4

तेरे चरणों में मेरी जगह हो, मेरे मुख में हरि! तू बसा हो ।
तेरी किरपा की छाया सदा हो, मेरे प्रारब्ध कर्ता तुम्हीं हो ।।

३

पार्श्वभूमि

प्रकरण

पार्श्वभूमि प्रकरण

पार्श्वभूमि का महत्व

(पार्श्वभूमि)

दर्शयतीतिवृत्तं किं, कुत्र, केन, कदा कृतम् ।
नो चेदन्धो विना दण्डं स्खलति निर्बुधो यथा ।।

ग-गगग-गरे-म- ग-, म-म, म-म-, पम- गरे- ।
प- प-प-प- पध- प-म-, गरेम- प-गरे- ऩिसा- ।।

दोहा **भले बुरे अनुभव हमें, देता है इतिहास ।**
उनसे ही हमको मिलें, सबक, ज्ञान, विश्वास ।।

उसी नीति से हम चलें, वही हमें आधार ।
वही करे संसार में, हमरा बेड़ा पार ।।

"पार्श्वभूमि कहती हमें, हुआ कहाँ क्या काम ।
किसने कब था क्यों किया, किसका क्या परिणाम" ।।

बिना जान इतिहास जो, पढ़ता थोथी भास ।
मूढ़ बुद्धि वो नर करे, अपना स्वयं बिनास ।।

इतिहासः सदाऽस्माकं मार्गदीपो नियन्त्रकः ।
सुकर्मणां स निर्व्याजो दोषाणां च हि दर्शकः ।।

दोहा **सबक हमें इतिहास का, उज्ज्वल दीप समान ।**
रक्षा करके विघ्न से, देता लाभ महान ।।

जो पढ़ता है ध्यान से, स्नेहभाव के साथ ।
देशभक्ति मन में लिये, वह समझे यह बात ।।

(अब सुनिये)

अल्पबुद्धि मैं लिख रहा, स्फूर्ति लिये आधार ।

पार्श्वभूमि प्रकरण

गणपति शंभु शारदा, नारद को आभार ।।

रहता मैं परदेस में, यथा दिया करतार ।
मगर सदा है खींचता, भारत माँ का प्यार ।।

मेरे विद्यार्थी, सखा, सुहृद, संतन लोग ।
देते हैं उत्तेजना, और प्रेम का भोग ।।

अधिक कही मेरी व्यथा, मैंने बिन कछु श्लाघ ।
अब चरित्र आगे सुनो, बिन फिजूल का द्राघ[1] ।।

दोहा

सुनो! सुनो! रे बंधुओं, पार्श्वभूमि की बात ।
वंदन करके मैं कहूँ, राजपूत सौगात ।।

नारद मुनि ने ज्यों कही, मुझे कथा दिन रात ।
मैं, रत्नाकर, वह लिखूँ, मधुर स्वरों के साथ ।।

ओवी, दोहे, श्लोक भी, नाना सुंदर छंद ।
गीत विविध-विध राग में, ताल मोद के कंद ।।

यथा करत है शारदा, सुर-सरगम बरसात ।
तथा विवेचन हैं आरहे, सुनो! प्रेम के साथ ।।

---

[1] **द्राघ** = दीर्घता ।

पार्श्वभूमि प्रकरण

सिसोदिया वंश की पार्श्वभूमि का वृत्त

दोहा

उदयपुरी मेवाड़ का, एक मात्र यह वंश ।
साढ़े–तेरह–शतक है, राज्य किया रघु अंश[2] ।।

सारे क्षत्रिय जगत में, इस कुल का सम्मान ।
आदर से करते सभी, निहार कर बलिदान ।।

दृढ़ रखते जो धर्म को, त्राण उन्हें करतार ।
इसी तत्त्व को पालती, मेवाड़ी सरकार ।।

महानतम सब कष्ट को, हँसते मुख से झेल ।
करना रक्षा राष्ट्र की, सुदूर स्वार्थ धकेल ।।

संस्थापक का नाम या, निवास के अनुसार ।
अलग–अलग इस वंश के, प्रसिद्ध हैं परिवार[3] ।।

शाखाएँ चौबीस हैं, इस कुल की विख्यात ।
भारतीय इतिहास में, बहु श्रुत हैं बहु ज्ञात ।।

प्रमुख वंश गहलारत है, मूल उदयपुर स्थान ।
दूजा कुल सीसोदिया, चित्तौड़ का महान ।।

मूल पुरुष मेवाड़ का, गुहिल जिसे था नाम ।
उसका वंशज बप्प था, "रावल" शुभ अभिधान ।।

---

[2] See Appendix 3

[3] See Appendix 6-9

पार्श्वभूमि प्रकरण

राजपूतों की कहानी
प्रजापति से सन 565 तक

प्रजापति

(रत्नाकर उवाच)

दोहा आदि काल में ब्रह्म ने, किए प्रजापति सृष्ट[4] ।
इक्किस परम प्रजा पिता, यथा अधः निर्दिष्ट ।।

कश्यप, कर्दम, यम, स्थाणु, अत्रि, अंगिरस, हेति ।
वसिष्ठ, मरीचि, प्रचेता, नारद, पुलह, प्रहेति ।।

भृगु, शेष, संस्त्रय, नेमी, मनु, दो सनत्कुमार ।
दक्ष, क्रतु, विकृत, धर्म ने, सृष्ट किए संसार ।।

(तो सुनिये)

दोहा सुनिये भारत वासियों, राजपूत इतिहास ।
जैसा मुनिवर कह गए, लिखा यहाँ है खास ।।

विविध ताल के राग हैं, अनेक छंद-प्रकाश ।
भाषा सादी-सरल है, फिर भी बहुत मिठास ।।

जो पढ़ता यह शाँति से, इतिहास का विधान ।
इस पर दृढ़ विश्वास से, उसे सत्य का ज्ञान ।।

रत्नाकर है लिख रहा, यथा उसे आदेश ।
शिवजी से लाए यथा, मुनिवर हैं संदेश ।।

(ध्यान दीजिए)

दोहा पूर्ववृत्त संपूर्ण है, अधूरा न इतिहास ।

---

[4] See Appendix 1

पार्श्वभूमि प्रकरण

देश प्रेम से है भरा, अनुपम काव्य विलास ।।

पार्श्वभूमि कहती हमें, कहाँ किया क्या कौन ।
सबक सिखाती है हमें, खुद रह कर भी मौन ।।

बिना जान कर सबक ये, जो पढ़ता है पाठ ।
ठोकर वो खाता सदा, खुले न उससे गाँठ ।।

अंधेरे में वह चले, उसे न सत्य विवेक ।
कार्याकार्य विमूढ़ वो, मति भ्रम उसे अनेक ।।

सृष्टि की निर्मिति

दोहा

एक बार की बात है, हुआ शुभ चमत्कार ।
प्रसन्न-मन थे ध्यान में, सृष्टि के करतार ।।

अंत हुआ तूफान जब, दूर हुआ सब ध्वांत ।
मिटा प्रभंजन गगन का, भवसागर था शाँत ।।

आसमान भी नील था, सागर नीला रंग ।
लक्ष्मी जी संतुष्ट थी, नारयण के संग ।।

शेषनाग की सेज पर, लेटे थे भगवान ।
बैठी थी नारायणी, करत सृष्टि का ध्यान ।।

लक्ष्मी बोली विष्णु को, अनहद है शुभ नाद ।
शिव का डमरू बज रहा, बहुत काल के बाद ।।

नारायण ने हाँ कही, किया ओम् पर ध्यान ।
प्रणव नाद ब्रह्मांड में, मंगल जिसकी तान ।।

(सृष्टि)

पार्श्वभूमि प्रकरण

आया क्षण जब प्रसव का, ग्रह सारे अनुकूल ।
महाविष्णु की नाभि से, उगा पद्म का फूल ।।

बढ़ा नाल उस पुष्प का, बहुत दीर्घ आकार ।
बना पद्म के मध्य में, आसन गोलाकार ।।

आसन पर आरूढ़ थे, ब्रह्मदेव भगवान ।
चार वदन, दिश चार में, करत वेद का गान ।।

हुई विलक्षण बात फिर, अद्‌भुत एकाएक ।
भंग हुआ तन ब्रह्म का, गात्र-गात्र प्रत्येक ।।

(प्रजापति)

हुए प्रसूत फिर गात्र से, प्रजापति इक्कीस ।
प्रजा सृष्ट जिनसे हुईं, हम जिनके वारिस ।।

प्रजापिताओं ने करीं, विविध प्रजाएँ सृष्ट ।
बरत कर चौंसठ कला, यथा काल था इष्ट ।।

पृथ्वी पर जो फिर हुए, जीव जंतु सब सृष्ट ।
निहार कर उस घटित को, भूमाता थी हृष्ट ।।

(प्रजा)

सर्वश्रेष्ठ नर योनि थी, वर्ण जिन्हें कुल चार ।
नैसर्गिक रचनाकृति, गुणत्रय के आधार ।।

ब्राह्मण क्षत्रिय वैश्य भी, शुद्र वर्ण थे चार ।
अपने-अपने गुण यथा, तथा करत व्यवहार ।।

अनुशीलन ब्राह्मण करे, रक्षा करते क्षात्र ।
वणिज कर्म गुण वैश्य का, शुद्र शुश्रुषा पात्र ।।

क्षत्रिय, जो रणवीर हैं, बलिष्ठ जिनका गात्र ।

पार्श्वभूमि प्रकरण

वहीं क्षात्र राजा बनें, सिंहासन के पात्र ।।

क्षत्रिय पुरुषोत्तम कहा, दाशरथी श्रीराम ।
न्याय नीति जिसकी सदा, सर्वोत्तम शुभ काम ।।

धरती राजस्थान की, "सर्वश्रेष्ठ" अभिधान ।
महाराष्ट्र का था यथा, भारत में सम्मान ।।

(वर्ण–जाति)

दोहा   ब्रह्म, क्षात्र, विश, शूद्र जो, वर्ण कहे हैं चार ।
अनुसार हि गुण कर्म के, प्रकृति के आधार ।।

केवल गुण आधार हैं, किए "वर्ण" जो चार ।
रंग जाति कुल धर्म का, जिसमें नहीं विचार ।।

गुण–कर्म के आधार ही, वर्ण किए सत्नाम ।
जहर जाति का घोल कर, वर्ण भये बदनाम ।।

शाँति, शुद्धि, दम, सरलता, तप निग्रह का ज्ञान ।
आस्तिक बुद्धि, विमलता, "ब्रह्म–वर्ण" का काम ।।

रक्षण करने अन्य का, रत है जिसका ज्ञान ।
नर नारी उस वर्ण के, द्विज ब्राह्मण अभिधान ।।

ढारस श्रद्धा चतुरता, रण में निर्भय धीर ।
तेज दान बल शूरता, "क्षात्र–वर्ण" का वीर ।।

प्राण हथेली पर धरे, रण में देना जान ।
रक्षा तीनों वर्ण की, क्षात्र वर्ण का मान ।।

गौधन, कृषि, ब्यौपार हैं, "वैश्य–वर्ण" के काम ।
सेवा–भाव पवित्रता, "शूद्र–वर्ण" का नाम ।।

30

पार्श्वभूमि प्रकरण

ऊँच नीच कोई नहीं, सब हैं वर्ण समान ।
मन गढंत जाति प्रथा, सब हैं वर्ण महान ।।

महापुरुष सर्वत्र हैं, कोई ना अपवाद ।
चारों वर्ण समान हैं, रहे सदा यह याद ।।

वैश्यों में श्रीकृष्ण हैं, क्षत्रिय थे श्रीराम ।
शुद्र पुत्र श्री विदुर जी, ब्राह्मण परशुराम ।।

(जाति)

ऊँच नीच कोई नहीं, सब हैं वर्ण समान ।
जाति स्वार्थ्य का काम है, जिसमें है अपमान ।।

अश्व रश्मि रथ के यथा, चक्र सारथी अंग ।
तथा धर्म के चार हैं, चारों वर्ण तुरंग ।।

शीश विप्र, पद शूद्र हैं, वैश्य तना, कर क्षात्र ।
एक देह इनसे बना, चार देह के गात्र ।।

राजपूत वीरों की निर्मिति

दोहा

वसिष्ठ मुनि ने यज्ञ से, कीन्हे थे निर्माण ।
क्षात्र छत्तीस गोत्र के, राजपूत गुणवान ।।

नामध्येय उन वंश के, यहाँ करूँ निर्देश ।
राजपुताना देश का, सुवर्ण भूमि निवेश ।।

ककुत्स्थ मट गहलोत भी, राजपाल चौहान ।
कोटपाल धनपाल भी, राजपाल मकवान ।।

मरूड़ सैंधव गौर भी, चालुक्य छंद परमार ।

पार्श्वभूमि प्रकरण

अनिग कारट्टपाल भी, गोहिल हुल अभिचार ।।

चापोत्कट राठौड़ भी, निकुम्भवर प्रतिहार ।
हैहय यौतिक टाँक औ, हरितट दधिष्ट सिलार ।।

कविनीस रोसजुत तथा, सदावर परिहार ।
देवर कलाप महान थे, राजपूत परिवार ।।

सिंध, सन ६३१-७१२

सिंध देश के महाराजा चाच, 631-671

राणा प्रताप चरित्र गीत माला, पुष्प 12

हिंदुभूमि संरक्षक महाराजा चाच

स्थायी

जय! जय! हिंदुभूमि की गाएँ,
जन्मभूमि की, मातृभूमि की,
सब मिल जय जय गाएँ । जय जय ...

सागः! मप! ध–मप–म गसा ग–म–,
ध–धध–ध नि–, ध–धप–ध मप,
धध मन पम गसा ग–म– । सागः! मप! ...

अंतरा–1

शूर वीर सुत भारत माँ के,
रण भूमि पर योद्धा बाँके ।
गाथा उनकी आज सुनाएँ ।।

सां–सां सां–सां निसां धनिसांसां सां– गं–,

पार्श्वभूमि प्रकरण

निनि निनि धम नि–नि– नि–नि–।
ध–धम पमपग, सागम धप–म– ।।

अंतरा–2

मर्द बहादुर पुत्र सिंध के, रक्षण कर्ता परम हिंद के ।
सद्‌गुण उनके, आओ गाएँ ।।

अंतरा–3

हिंदुभूमि पर हमले आए, रणधीरों ने वे लौटाए ।
उनके माथे, तिलक लगाएँ ।।

दोहा
सन छहसौ–छत्तीस था, निकले अरब धर्मांध ।
हिंदुभूमि को छीनने, खड्ग कमर पर बाँध ।।

कई जंग कों जीत कर, खलिफा जिसे खिताब ।
भेजत सेना हिंद पर, उमर–इब्न–खत्ताब[5] ।।

अरब आक्रमक चल पड़े, तानाशाही तौर ।
सिरिया–इरान जीत कर, चले सिंध की ओर ।।

यही आक्रमण प्रथम था, जाना कहने योग्य ।
इसी समय से फिर–गये, हिंदुभूमि के भाग्य ।।

राजा तब था सिंध का, महाप्रतापी "चाच" ।
सुखी शाँत वह देश था, आयी जिस पर आँच ।।

---

[5] **उमर–इब्न–अल् खत्ताब :** Three armed Arab Expeditions from Bahrain, were ordered by Umar-ibn-al-Khattab (586-644, ruled. 634-644), the second Khalifa of Madina, were severely defeated at the port of Bharuch, by the great Hindu King Chach in year 636-637.

पार्श्वभूमि प्रकरण

कीर्तिमान वह अधिप था, धार्मिक उसके काम ।
नीति नियम का वीर था, विश्रुत उसका नाम ॥

सार्वभौम था सिंध में, चाच महान नरेश ।
सिंधु नदी पर था बसा, धनाड्य उसका देश ॥

घुसे अरब जब सिंध में, लेकर सेना साथ ।
मार भगाया चाच ने, लौटे खाली हाथ ॥

सिंध देश के महाराजा दाहीर 678-712

दोहा

राजा था अब सिंध का, महावीर दाहीर ।
राजा–रानी उभय थे, जगजाने रण धीर ॥

आयी सेना म्लेच्छ वो, फैलाने निज धर्म ।
कासिम नेता सैन्य का, कटुतम जिसके कर्म ॥

दीवाने सब धर्म के, लेकर कर तलवार ।
आया कासिम सिंध में, करने धर्म प्रसार ॥

मूरत मंदिर तोड़ता, करता हिंदू भ्रष्ट ।
लूट मार करते हुए, देता सबको कष्ट ॥

34

पार्श्वभूमि प्रकरण

किया युद्ध दाहीर ने, रानी भी थी साथ ।
रानी लड़ती शेरनी, शेर जिसे था नाथ ।।

रण में नृप दाहीर को, लगा अचानक बाण ।
गिरा धरा पर अश्व से, मगर न निकले प्राण ।।

रानी लड़ती रह गयी, मगर न पायी जीत ।
रण पर वह पकड़ी गयी, घायल जिसका मीत ।।

कासिम ने दाहीर का, काट दिया सिर आप ।
खलिफा को रानी मिली, करने गंदे पाप ।।

रक्तपात मुलतान में, भीषण कत्लेआम ।
जनता पर जबरन हुआ, धर्मांतर का काम ।।

टूटे मंदिर सिंध के, किये हिंदू जन भ्रष्ट ।
पवित्रता सब प्रांत की, अरबों ने की नष्ट ।।

सन सातसौ-पचास में, खलीफा का देहांत ।
खिलाफ़त अब इराक में, उमयद कुल का अंत ।।

सिंध प्रांत को मिल गया, सिरिया से स्वातंत्र्य ।
अधीन अब बगदाद के, हुआ सिंध परतंत्र ।।

नये खलीफ़ा ने किया, नये तौर पर काम ।
काम वही धर्मांधता, और वही अंजाम ।।

दिशा दूसरी में किये, हमले फिर घमसान ।
चला सैन्य अब छीनने, धरती राजस्थान ।।

35

पार्श्वभूमि प्रकरण

मेवाड़, सन ५५०-१३०३

राजा गुहिल का वंश

(1. राजा गुहिल, उदयपुर)

दोहा प्रारंभ गुहिल से हुआ, इस शाखा का दिव्य ।
उपाधि "रावल" थी जिन्हें, वंश बना यह भव्य ।।

गुहिल को गुहदत्त भी, कहता है इतिहास ।
गुहिल हुआ गहलोत फिर, उश्यपुर पदावास ।।

(2. राजा भोज)

दोहा गुहिलपुत्र नृप भोज था, जाना भोजादित्य ।
अन्य नाम उसको मिला, राजा भोगादित्य ।।

(3. राजा महेंद्र-1)

दोहा अंगज राजा भोज का, रावल महेंद्रराज ।
गुहिल वंश का तीसरा, उज्ज्वल मणिपुखराज ।।

(4. राजा नागादित्य)

दोहा महेद्र नृप का पुत्र था, राजा नागादित्य ।
"नाग" जिसे अभिधान था, लिखता था साहित्य ।।

नगर नागदा का पिता, गुहिल वंश का भूप ।
चतुर्थ नृप इस वंश का, जिसका राज्य अनूप ।।

(5. राजा शीलादित्य)

दोहा "नरपति" जिसका विरुद था, राजा शीलादित्य ।
शिव जिसका अभिधान था, प्रखर यथा आदित्य ।।

(6. राजा अपराजित)

पार्श्वभूमि प्रकरण

दोहा   शिलादित्य का पुत्र था, राजा अपराजित ।
           गुहिल वंश का छठा, भूपति नामांकित ।।

(7. राजा महेंद्र-2)

दोहा   गुहिल वंश का सातवाँ, उदयपुर का सुधीर ।
           अपराजित का पुत्र था, राजा महेंद्र वीर ।।

           महेंद्र योद्धा शूर था, महावीर विख्यात ।
           राजाओं का मुकुटमणि, क्षत्रिय कुल में ज्ञात ।।

           महेंद्र का सुत बप्प था, नृपवर पिता समान ।
           महावीर रणधीर था, गुणशालीन महान ।।

महाराजा बप्पा रावल 730-753

(8. राजा बप्पा रावल 730-753)

दोहा   गुहिल वंश का आठवाँ, राजाओं में इंद्र ।
           राष्ट्र सुरक्षक परम था, जैसा पिता महेंद्र ।।

           धनुष बप्प का दिव्य था, प्रचंड काल समान ।
           अत: इसे इतिहास में, "कालभोज" सम्मान ।।

           नाम बप्प के बहुत थे, बापा बप्पक बाप ।
           बप्पा बोप्प बाप्प बा, बप्पाक, बाष्प बाप्प ।।

(चित्तौड़)

           जीत मौर्यनृप मान से, गढ़ चित्तौड़ महान ।
           उदयपुरी नृप बप्प ने, किया राज्य का स्थान ।।

           उपाधि रावल ग्रहण कर, किया राज्य अभिषेक ।
           इस हिंदू भूपाल ने, जीता रण प्रत्येक ।।

पार्श्वभूमि प्रकरण

दादरा ताल

बप्पा रावल

स्थायी

तूने स्वातंत्र्य का बीज बोया, और चलाई प्रणाली अमर है ।

धनि़ सा–सा–सा रे– सा–नि़ सा–रे–, सा– रेग–ग– गम–ग रेनि़नि़ सा– ।

अंतरा–1

तेरे पथ पर चला संग–राणा, उसने तुझको ही आदर्श माना ।

तूने सीनों में गौरव पिरोया, तेरे कर्मों का अद्‌भुत असर है ।।

पप म– प– मग– म–ग रे–सा–, पप मप– म ग–म– रे–सा– ।

धऩि सा–सा– सा रे–सा– निसा–रे–, सारे ग–ग– ग म–ग– रेनि़नि़ सा– ।।

अंतरा–2

राणा पर्‌ताप ने तुझको पूजा, तुमसे आदर्श ना कोई दूजा ।

तू ही अर्जुन यथा पांडवों का, तेरी कीर्ति धरा पर अजर है ।।

अंतरा–3

फिर शिवाजी ने तीनों को माना, तुमको वीरों का भी वीर जाना ।

तुमको भूलें कभी ना जमाना, एहसानों की जिसको कदर है ।।

दोहा

सिंध प्रांत जब आगया, उन अरबों के हाथ ।
नये आक्रमण होगये, शुरू जोश के साथ ।।

हमले राजस्थान पर, किये अनेकों बार ।
मगर हमेशा ही उन्हें, मिली युद्ध में हार ।।

बप्पा रावल ने उन्हें, पीटा बारंबार ।
अराबों ने फिर हार कर, छोड़ दिया अविचार ।।

राजपूत गुहिलोत यह, महा धुरंधर वीर ।
बप्पा रावल नाम का, महान नृप गंभीर ।।

पार्श्वभूमि प्रकरण

रक्षण कीन्हा धैर्य से, उसने अपना देश ।
राजा वह मेवाड़ का, राजस्थान नरेश ।।

(9. रावल सुमंयसिंह 753–773)[6]

दोहा   कालभोज का पुत्र था, मेवाड़ का नरेश ।
राजा सुमंत शूर था, उदयपुर का महेश ।।

सुमंतसिंहा था नवाँ, गुहिल वंश का वीर ।
योद्धा पिता समान था, धर्म–कर्म गंभीर ।।

(10. रावल रजतसिंह 773–793)

दोहा   सुपुत्र सुमंतसिंह का, रजतसिंह बलबीर ।
दसवाँ नृप मेवाड़ का, बहु श्रुत था रणधीर ।।

(11. रावल चेतनसिंह 793–813)

दोहा   ग्यारहवाँ मेवाड़ का, राजा चेतनसिंह ।
रजतसिंह का पुत्र था, बेटा रावलसिंह ।।

(12. रावल रावलसिंह 813–828)

दोहा   बेटा चेतनसिंह का, रावलसिंह सुजान ।
बारहवाँ मेवाड़ का, जाना वीर महान ।।

(13. रावल खम्मणसिंह–1 828–853)

दोहा   सुपुत्र रावलसिंह का, खुम्मण गुहिल कुमार ।
तेरहवाँ मेवाड़ नृप, किया राज्य विस्तार ।।

(14. रावल महाकायसिंह 853–878)

दोहा   चौदहवाँ मेवाड़ का, भूप महायक नाम ।

---

[6]   See Appendix 6

पार्श्वभूमि प्रकरण

नृप खुम्मण का पुत्र था, योद्धा पिता समान ।।

(15. रावल रजतसिंह-2 878–903)

दोहा   पन्द्रहवाँ मेवाड़ का, राजा सूम्मण नाम ।
पुत्र महायकसिंह का, चरित जिसे अभिराम ।।

(16. रावल भर्तृभट्टसिंह 903–951)

दोहा   सोलहवाँ मेवाड़ का, भर्तृभट्ट था भूप ।
नृप खुम्मण का पुत्र था, ताता का प्रतिरूप ।।

(17. रावल अल्लट 951–972)

दोहा   सत्रहवाँ मेवाड़ का, रावल अल्लट नाम ।
नगर पुराना नागदा, पसंद उसको धाम ।।

भर्तृभट्ट का पुत्र यह, रावल वीर महान ।
कार्यकाल खुशहाल था, इस भूप का सुजान ।।

(18. रावल नरवाहन 972–973)

दोहा   अगला नृप मेवाड़ का, नरवाहन था नाम ।
अल्लट नृप का पुत्र था, स्वल्प काल था काम ।।

धीर धुरंधर धर्म्य था, अधर्म पर अंगार ।
नरवाहन विद्वान था, विद्या का भंडार ।।

(19. रावल शालिवाहन 793–799)

दोहा   अगला नृप मेवाड़ का, शालिवाहन नाम ।
नरवाहन का पुत्र था, क्षत्रिय वीर सुजान ।

सीमा इसके राज्य की, विस्तृत हुई विशाल ।
जोधपूर तक बढ़ गई, वरेण्य था भूपाल ।।

(20. रावल शक्तिकुमार 777–993)

दोहा   अगला नृप मेवाड़ का, महान शक्तिकुमार ।
            राजा यह था बीसवाँ, कभी न माना हार ।।

(21. रावल अंबाप्रसाद 993–1007)

दोहा   अगला नृप इक्कीसवाँ, वीर अंबाप्रसाद ।
            अंगज शक्तिकुमार का, जाना आम्रप्रखाद ।।

गजनी के सत्रह हमले सन १०००-१०२७

गजनी का पहला हमला, सन 1000

वाहींद

दोहा   लगभग दो-सौ साल में, जीत लिया ईरान ।
            काबुल, गज़नी, घोर भी, अरबों ने अफगान ।।

            इन दो-सौ कुल साल में, खून सना अफगान ।
            आगे के दस साल में, आये दो सुलतान ।।

            नौ-सौ-नब्बे वर्ष में, गजनी का सुलतान ।
            साबुकतिगीन यामिनी, महमूद था गुलाम ।।

            बना जभी महमूद वो, गज़नी का सुलतान ।
            बहुत आक्रमक क्रूर था, मूर्तिफोड़ शैनात ।।

            सत्रह हमले हिंद पर, तोड़ फोड़ की घोर ।

41

पार्श्वभूमि प्रकरण

लूट-मार कतलें करीं, धर्मांतर घनघोर ।।

गज़नी के सुलतान ने, मारा श्री जयपाल ।
हिंदू अधिप वह हिंद का, उधेड़ दी फिर खाल ।।

आया पहली बार जब, गज़नी का सुलतान ।
टूट पड़ा वाहिंद पर, करने कत्ले आम ।।

राणा प्रताप चरित्र गीत माला, पुष्प 13

गजनी का वाहिंद पर हमला

स्थायी

गजनी का राक्षस आया है, असुरों की सेना लाया है ।
निज धर्म थोपने आया है ।।

सानि़सा- गरे सा-नि़नि़ सा-रेम ग-, गममग पम ग-रेसा सा-रेम ग- ।
गग रेसासा रे-रेगम गरेसानि़ सा- ।।

अंतरा-1

वह विध्वंसक शठ पापी है, वह क्रूर बड़ा खलकामी है ।
वह भीषण खून पियासा है, वह दीन-धरम दीवाना है ।
वह लूट मचाने आया है ।।

पप मरेम-पप पम पनिधप प-, पप मगग सासाग मपगरेसानि़ सा- ।
सानि़ सा-गरे सा-नि़ नि़सा-रेम ग-, गग रेसासासारेरे गमगरेसानि़ सा- ।।
गग रेसासा सारे-गम मगरेसानि़ सा- ।।

अंतरा-2

वह भ्रष्टाचार मचावेगा, वह मंदिर-मूरत तोड़ेगा ।
वह नर-नारी को सतावेगा, वह भ्रष्टाचार मचावेगा ।
वाहिंद जलाने आया है ।।

पार्श्वभूमि प्रकरण

गजनी का दूसरा हमला ,सन 1001

पेशावर, उद्भांडपुर

दोहा हमला फिर पंजाब पर, पेशावर की लूट ।
जला दिया उद्भांडपुर, हिंदू रहे अटूट ।।

गजनी का तीसरा हमला ,सन 1004

मुलतान

दोहा हमला फिर मुलतान पर, करने को बरबाद ।
लूट–मार कतलें हुईं, हाय! हाय! फरियाद ।।

राणा प्रताप चरित्र गीत माला, पुष्प 14

(गजनी का मुलतान पर हमला)

स्थायी

वह गुंडा गजनी आया है, उसने सब सिंध जलाया है ।
भारत माता को रुलाया है ।।

सानि़ सा–गरे सासा–नि़– सा–रेम ग–, गममग पम ग–रे सासा–रेम ग– ।
गरेसासा रे–ग– म मगरेसानि़ सा– ।।

अंतरा–1

उसकी सेना शैतान बड़ी, हिंदू राजा से आन लड़ी ।
उसने भगवान भुलाया है, उसने मुलतान जलाया है ।
भारत को दाग लगाया है ।।

पपमरे म–प– पमपनिध पप–, प–मग गसासाग मप गरेसा नि़सा– ।

पार्श्वभूमि प्रकरण

सानि़सा- गरेसा-नि़ नि़सा-रेम ग-, गगरेसा सासारे-ग मगरेसानि़ सा- ।।
गरेसासा सा- रे-ग मगरेसानि़ सा- ।।

अंतरा-2

वह हानि करने आया है, मनमानी करने आया है ।
उसने नरमेध रचाया है, अरु अत्याचार मचाया है ।
उसे खून-खराबा भाया है ।।

गजनी का चौथा हमला ,सन 1005

मुलतान

दोहा **फिर से आया लौट कर, खसोटने को सिंध ।**
भीषण भ्रष्टाचार से, दुखी कर दिया हिंद ।।

राणा प्रताप चरित्र गीत माला, पुष्प 15
(गजनी का मुलतान पर दूसरा हमला)

स्थायी

देखो, फिर से गजनी आया है, वह भीषण संकट लाया है ।
उसको बुत भंजन भाया है ।।
सानि़, सासा गरे सासानि़- सा-रेम ग-, गम मगपम ग-रेसा सा-रेम ग- ।
गरेसा- रेरे ग-मम गरेसानि़ सा- ।।

अंतरा-1

वह धर्म-नीति का अंधा है, वह हिंसक पापी बंदा है ।
वह दहशतवादी गंदा है, धमकाना उसका धंदा है ।
पर-धर्म मिटाने आया है ।।
पप मरेम प-पपम पनिध प-, पपमगगसा सागमप गरेसानि़ सा- ।

पार्श्वभूमि प्रकरण

सानि़, सासागरेसा–नि़– सा–रेम ग–, गममगपम गगरेसा सा–रेम ग– ।
गगरेसासा सारे–गम गरेसानि़ सा– ।।

अंतरा–2

वह पागल नरक का राही है, वह अकल का दुश्मन पाजी है ।
वह अज्ञानी बेचारा है, वह द्वेष जलन का मारा है ।
उसने मुलतान जलाया है ।।

गजनी का पाँचवाँ हमला ,सन 1007

पेशावर

दोहा **पेशावर पर फिर किया, हमला दूजी बार ।**
काट–पीट छल लूट भी, बेहद अत्याचार ।।

राणा प्रताप चरित्र गीत माला, पुष्प 16

(गजनी का पेशावर पर दूसरा हमला)

स्थायी

मैली चादर ओढ़के आया, शातिर ये दीवाना ।
हे परमेश्वर! किरपा करके, सन्मति उसको देना ।।

ग–मप रे–नि़नि़ सा–साग रे–सा–, ग–पप ध– ध–निसांधप ।
सां– सांसांसां–सांरें! निनिधप धसांसां–,
सांसांसांरे निधमप ग – – मरेसाग– ।।

अंतरा–1

शिक्षा उसको गलत मिली है, हिंसा का है मारा ।
उसके कुल की रीत चली है, पातक जिनको प्यारा ।

पार्श्वभूमि प्रकरण

सबक सिखाओ उसको प्रभु जी! या नरकासन देना ।।
निसांसां– रेंरेंसां– निधप धनिसां सां–, निसांसां– सांनि– ध– निसांसां– ।
निनिसां– सांसां सां– नि–सां सांनिध प–, धनिधप ममपध निसांसां– ।
निसांसां सांसां–रें– निधप– धनि सां–,
धसां सां– निधमपग – – मरेसाग– ।।

अंतरा–2
पेशावर पर फिर से आया, लेकर भीषण सेना ।
लूटमार बरबादी कीन्ही, सुना न उनका रोना ।
हे जगदीश्वर! पावन प्यारे! शाप अधम को देना ।।

गजनी का छठा हमला ,सन 1008

नगरकोट

दोहा   नगरकोट पर फिर किया, हमला था खूँखार ।
            राजपूत प्रतिकार ने, उसे भगाया मार ।।

गजनी का सातवाँ हमला, सन 1009

नारायणपुर

दोहा   नारायणपुर पर किया, गझनी ने आघात ।
            मंदिर तोड़े, तस्करी, अधर्म छल उत्पात ।।

46

पार्श्वभूमि प्रकरण

गजनी का आठवाँ हमला, सन 1010

मुलतान

दोहा **फिर से हमला सिंध पर, कीन्हा तीजी बार ।**
सर्वनाश मुलतान का, अधर्म का आचार ।।

राणा प्रताप चरित्र गीत माला, पुष्प 17

गजनी का मुलतान पर तीसरा हमला

स्थायी

गजनी आया है ।
लूटमार मुलतान जलाने, सेना लाया है ।
गजनी आया है ।

ऩिसाऩिध़ ऩिरेरेग सा– ।
ग–गग–ग गरेगपप मग–रे–, सागरेसा ऩिसाऩिध़ रे– ।
ऩिसाऩिध़ ऩिरेरेग सा– ।।

अंतरा–1

ध्वस्त किया है प्रांत सिंध का, संकट लाया है ।
गजनी आया है ।।

सा–रे गम– म– ग–म प–म ग–, गमगरे साऩिध़ऩि रे – – ।
ऩिसा ऩिध़ ऩिरेरेग सा– ।।

अंतरा–2

भ्रष्ट कर रहा नर–नारी को, मातम छाया है ।
गजनी आया है ।।

अंतरा–3

धरती पर उस गुनहगार ने, कहर मचाया है ।
गजनी आया है ।।

पार्श्वभूमि प्रकरण

गजनी का ऩौवाँ हमला, सन 1011

स्थानेश्वर

दोहा **स्थानेश्वर पर आक्रमण, तोड़े देवस्थान ।**
लूट मार घमसान की, बन कर शठ तूफान ।।

राणा प्रताप चरित्र गीत माला, पुष्प 18

(गजनी का स्थानेश्वर पर हमला)

स्थायी

खल आया है, गजनी का हथियारा ।
जुलमी हिरदय का कारा ।।

सानि़ सा–गरे ग–, ममगरे सा– रेगसारेग– ।
सारेग– पमगग रेग रेगसा– ।।

अंतरा–1

(हिंदी)

स्थानेश्वरपुर पावन है, शिव दर्शन मन भावन है,
उस पुर आया रावण है ।
वह दीवाना, तोड़ फोड़ करदेगा,
सुलतान वो गजनी वाला ।

गगग–ममममम प–मग म–, गग ग–मम मम प–मगम–,
गग मम म–पध प–म–ग– ।
सानि़ सा–गरेग–, म–ग रे–सा रेगसारेग–,
सारेग–प म गगरेग रेगसा– ।।

पार्श्वभूमि प्रकरण

गजनी का दसवाँ हमला ,सन 1013

नगरकोट

दोहा स्थानेश्वर पर आक्रमण, तोड़े देवस्थान ।
लूट मार घमसान की, बन कर शठ तूफान ।।

राणा प्रताप चरित्र गीत माला, पुष्प 19

गजनी का नगरकोट पर दूसरा हमला

दोहा छंद

सासासासा-सा सासा रे-गम-, पप धप मग म-म- ।
सा-सा सारे-रेरे ग-प म-, पपप- धप मगम- ।।

स्थायी

नगरकोट पर आगया, फिर से वह शैतान ।
नीच नराधम क्रूर वो, गजनी का सुलतान ।।

लूट-मार करने लगा, जैसा उसका दीन ।
बलात्कार अपहार भी, लंपट लज्जाहीन ।।

मंदिर मूरत तोड़ना, चोरी उसका काम ।
नंगे ओछे पाप से, जग में वह बदनाम ।।

नगरकोट समृद्ध था, कीन्हा उसने ध्वस्त ।
आग लगा कर नगर वो, किया पूर्ण उध्वस्त ।।

प्राण हजारों के लिये, करके कत्ले आम ।
भ्रष्ट हजारों कर दिये, परिवर्तन के नाम ।।

सिर पर उसके पाप की, गठरी बहुत विशाल ।

पार्श्वभूमि प्रकरण

चला नरक के द्वार पर, स्वयं बिछा कर जाल ।।

धरती पर जो थे हुए, पैदा जन शैतान ।
उनमें यह खल ज्ञात था, गजनी का सुलतान ।।

कीड़ा उसके मगज में, कर में थी तलवार ।
हिंदुजनों पर वह करे, बिना हिचक के वार ।।

मूर्ख शिरोमणि म्लेच्छ वो, जिसे खून की प्यास ।
गजनी के सुलतान को, जानत है इतिहास ।।

गजनी का ग्यारहवाँ हमला, सन 1015

लोहकोट, कश्मिर

दोहा लोहकोट पर स्तेन ने, कीन्हा हमला घोर ।
पंडित वीरों ने मगर, मार भगाया चोर ।।

<u>राणा प्रताप चरित्र गीत माला, पुष्प 20</u>

गजनी का लोहकोट पर हमला

स्थायी

जब कश्मिर की शुभ धरती पर, शठ गजनी ने था पाँव दिया ।
कश्मिर के पंडित वीरों ने, उस गजनी को था ताड़ दिया ।
उसको सीमा से पार किया ।।

सानि़ सा–<u>ग</u>रे सा– नि़नि़ सासारेम <u>गग</u>, <u>ग</u>मम<u>ग</u> पम <u>ग</u>–रे सासा–रेम <u>ग</u>– ।
सानि़सासा <u>ग</u>रे सा–नि़नि़ सा–रेम <u>ग</u>–, <u>ग</u>म म<u>ग</u>पम <u>ग</u>– रेसा सा–रे म<u>ग</u>– ।
<u>ग</u>रेसासा रे–<u>ग</u>– म म<u>ग</u>रेसानि़ सा– ।।

पार्श्वभूमि प्रकरण

अंतरा–1

उसकी सेना शैतान बड़ी, हिंदू राजा से आन लड़ी ।
उसने भगवान भुलाया है, उसने मुलतान उजाड़ा है ।
भारत को दाग लगाया है ।।

पपमरे म–प– पमपनिध पप–, प–मग गसासाग मप गरेसा ऩिसा– ।
साऩिसा– गरेसा–ऩि ऩिसा–रेम ग–, गगरेसा सासारे–ग मगरेसाऩि सा– ।।
गरेसासा सा– रे–ग मगरेसाऩि सा– ।।

अंतरा–2

कश्मिर के पंडित वीर बड़े, भूमि के रक्षक हैं तगढ़े ।
भारत माता के गौरव में, वैरी के आगे अड़िग खड़े ।
इतिहास में नाम कमाया है ।।

गजनी का बारहवाँ हमला, सन 1018

मथुरा

दोहा **आया गझनी अधम वो, मथुरा करने भ्रष्ट ।**
तोड़े मंदिर लूट कर, नगरी कीन्ही नष्ट ।।

राणा प्रताप चरित्र गीत माला, पुष्प 21

गजनी का मथुरा पर हमला

स्थायी

आज, पावन मथुरा भ्रष्ट हुई, गजनी ने नगरी नष्ट करी ।

मम गमगसा ऩिसाधनि सा–म मम–,

ममगम गसा निसाधनि सा–सा मम– ।।

अंतरा–1

एक दुष्ट था कंस होगया, अत्याचारी नृप मथुरा में ।
महा दुष्ट अब गजनी आया, अधम न जैसा दुनिया में ।
देखो, मथुरा उसने भ्रष्ट करी ।।

ग–म ध–ध नि– सां–सां सांगं–निसां–, नि–नि–नि–नि– धनि सांनिध– म– ।
सांसां– गं–गं गग सांमंगंसां नि–सां–,
सांमंगं सां नि–सां– धनिसांनि धमगसा ।।

अंतरा–2

गजनी का ये चोर लुटेरा, विष ने जिसका तन मन घेरा ।
दुराचार ही जीवन जिसका, उस पापी ने डाला डेरा ।
देखो, उसने नगरी ध्वस्त करी ।।

गजनी का तेरहवाँ हमला, सन 1021

माहोबा

दोहा **फिर माहोबा तक बढ़ा, करने भ्रष्टाचार ।**
चंदेला राजे सभी, माने अपनी हार ।।

लौटा फिर गझनी लिये, धन संपत्ति अपार ।
सोना हीरे मूर्तियाँ, बंदी अश्व अपार ।।

पार्श्वभूमि प्रकरण

गजनी का चौदहवाँ हमला, सन 1021

लाहोर

दोहा
आया फिर से लौट कर, नीच लुटेरा चोर ।
रक्तपात भीषण किया, नष्ट किया लाहोर ।।

राणा प्रताप चरित्र गीत माला, पुष्प 22
गजनी का लाहोर पर हमला

स्थायी

हरि ओ– – – म्! हरि ओ– – – म्!
हरि ओ– – – म्! शिव ओ– – – म्!
शिव ओ– – –म्! शिव ओ– – –म्!
शिव ओ– – – म्! हरि ओ– – – म्!

अंतरा–1

अज्ञानी के खोल दे प्रभो! बंद अकल के तू ताले ।
पापी जन को श्राप दे प्रभो! हे जग के रखवाले! ।।
हरि ओ– – – म्! हरि ओ– – – म्!
हरि ओ– – – म्! शिव ओ– – – म्! ।।

अंतरा–2

सबक सिखादे इन दुष्टों को, तू तो माँ रणचंडी है ।
गलत राह पर भटके हैं ये, दुष्ट नीच पाखंडी हैं ।
हरि ओ– – – म्! हरि ओ– – – म्!
हरि ओ– – – म्! शिव ओ– – – म्! ।।

अंतरा–3

53

पार्श्वभूमि प्रकरण

भ्रष्ट करत हैं तीर्थ धाम कों, मूर्ख अधम ये अंधे हैं ।
बंद करो प्रभु! शिव अवतारी!
पातक इनके गंदे हैं ।
हरि ओ– – – म्! हरि ओ– – – म्!
हरि ओ– – – म्! शिव ओ– – – म्! ।।

(22. रावल शुचिवर्मा 1007–1021)

दोहा   अगला नृप बाईसवाँ, अंबाप्रसाद भ्रात ।
शुचिवर्मा मेवाड़ का, दानी राजा ख्यात ।।

गजनी का पंद्रहवाँ हमला, सन 1022

ग्वालियर

दोहा   ग्वालियर के नगर का, किया बहुत विनाश ।
फिर कालिंजर लूट कर, लौटा वह बदमाश ।।

गजनी का सोलहवाँ हमला, सन 1024-1025

सोमनाथ

श्लोक

सोमनाथं महाकालं केदारं मंगलेश्वरम् ।
विश्वेशं वैद्यनाथं च घुश्मेशं मल्लिकार्जुनम् ।।

रामेश्वरं च नागेशं त्र्यम्बकं भीमशंकरम् ।
ज्योतिर्लिंगानि पुण्यानि पठनियानि नित्यश: ।।

54

पार्श्वभूमि प्रकरण

दोहा

शिव–शंकर पितु जगत के, गिरिजा जग की मात ।
सुपूत उनके भगत हैं, जो भजते दिन–रात ।।

सेवक शिव के ऋषि–मुनि, ज्ञानी ध्यानी लोग ।
बह्म शूद्र क्षत्रिय सभी, वणिक वर्ण संजोग ।।

शिव शंकर नटराज हैं, अर्धनारी अनूप ।
डमरूधर शिवशंभु का, अष्टमूर्ति स्वरूप ।।

कीर्ति तीनों लोक में, भुवन चतुर्दश व्याप्त ।
द्वादश ज्योतिर्लिंग को, पंचानन हैं प्राप्त ।।

मलिकार्जुन ओंकार जी, सोमनाथ के नाथ ।
महादेव तुम शिव प्रभो, पशुपति भोलेनाथ! ।।

गजनी आया फिर लिये, सैनिक तीस–हजार ।
हमला अब सौराष्ट्र पर, बिना कतई प्रतिकार ।।

सोमनाथ शिव शंभु का, मंदिर श्रीशालीन ।
सागर तट पर था खड़ा, युग–युग से प्राचीन ।।

गजनी ने हमला किया, मंदिर पर घमसान ।
फोड़ी मूरत शंभु की, शाप दिये भगवान ।।

गुंडे पापी म्लेच्छ ने, कीन्ही मूरत भंग ।
लूटा धन वैभव घणा, झिझका ना वह नंग ।।

काटे हिंदू अभय जो, खड़े सभी कर जोड़ ।
राक्षस वह तलवार से, आस्था सका न तोड़ ।।

देवालय का द्वार भी, ठग ने लिया उतार ।
मढ़ने अपनी कब्र पर, होकर फौत–शिकार ।।

पार्श्वभूमि प्रकरण

राणा प्रताप चरित्र गीत माला, पुष्प 23
राग : भीमपलासी
सोमनाथ जी

स्थायी

सोमनाथ का पावन धाम, ज्योतिर्लिंग श्री शिव भगवान ।
एकलिंग जी! शुभ दो वरदान, शंकर भोले किरपावान ।।
रेगमपमग रे- गरेगम प-, ध-पम-ग रे- मग मगरे- ।
सारेरेग-रे रे-! गग म- पपम-, ध-पप म-ग- ममग-रे- ।।

अंतरा-1

तुमरा मंदिर स्वर्ग समाना, तुमरी मूरत स्वर्ण ललामा ।
पूजन कीर्तन तुमरे, भोले! भगतन को देता सुखदान ।।
रेरेग- म-मम प-प पध-ध-, निनिध- प-पप म-प मग-रे- ।
प-पप ध-पप धपम, ग-म-! पपपप ध- प-म- गमरे- ।।

अंतरा-2

शिव का मंदिर सर्वसनातन,
ऋषि मुनियों ने कीन्हा स्थापन ।
नंदीश्वर! तुम भाते मोहे,
सबसे मंगल तुमरा नाम ।।

अंतरा-3

त्रिशूलधारी तुम त्रिपुरारी!
डमरूधर तुम जय गंगाधर! ।
विघ्नविनाशक तुमको माना,
भव में ऊँचे तुमरे काम ।।

पार्श्वभूमि प्रकरण

गजनी का सत्रहवाँ हमला, सन 1027

पंजाब

दोहा सत्रहवाँ हमला किया, सिंधू नदिया पार ।
रोका जाटों ने उसे, लौटा वह लाचार ।।

आया ना फिर हिंद में, मरने तक वह लौट ।
तीन वर्ष में दुष्ट को, आयी आखिर मौत ।।

(23. रावल नरवर्मा 1021–1035)

दोहा गुहिल भूप तेईसवाँ, शुचिवर्मा का भ्रात ।
नरवर्मा मेवाड़ का, जन सेवक दिन-रात ।।

(24. रावल कीर्तिवर्मा 1035–1051)

दोहा गुहिल भूप चौबीसवाँ, नरवर्मा का भ्रात ।
कीर्तिवर्मा महान था, क्षत्रिय कुल में ज्ञात ।।

(25. रावल योगराज 1051–1068)

दोहा गुहिल भूप पच्चीसवाँ, नरवर्मा का भ्रात ।
योगराज निपुत्र था, ना भाई ना तात ।।

(26. रावल वैरट 1068–1088)

दोहा योगराज जब चल बसे, बिन उत्तराधिकार ।
अल्लट नृप के वंश का, लाए राजकुमार ।।

गुहिल भूप छब्बीसवाँ, वैरट था रणधीर ।
नृप यह अल्लट वंश का, राजा था अति वीर ।।

(27. रावल वंशपालसिंह 1088–1103)

पार्श्वभूमि प्रकरण

दोहा राजा सत्ताईसवाँ, मेवाड़ का महान ।
नृप वैरट का पुत्र था, वंशपाल सुजान ।।

(28. रावल वैरीसिंह 1103–1108)

दोहा राजा अट्ठाईसवाँ, मेवाड़ का महान ।
वंशपाल का पुत्र था, वैरीसिंह सुजान ।।

(29. रावल विजयसिंह 1108–1127)

दोहा प्रसिद्ध नृप मेवाड़ का, विजयसिंह था नाम ।
सुत वैरीसिंह का, महावीर सम्मान ।।

इस राजा के वंश में, जन्मे वीर महान ।
हेहय के संबंध से, पृथ्वीराज चौहान ।।

(30. रावल अरिसिंह 1127–1138)

दोहा राजपूत नृप तीसवाँ, मेवाड़ का महान ।
विजयसिंह का पुत्र था, अरिसिंह निराभिमान ।।

(31. रावल चौड़सिंह 1138–1148)

दोहा मेवाड़ी इकतीसवाँ, चौड़सिंह था भूप ।
अरिसि.ंह का पुत्र था, महावीर अनूप ।।

(32. रावल विक्रमसिंह 1148–1158)

दोहा मेवाड़ी बत्तीसवाँ, विक्रमसिंह महान ।
चौड़सिंह का पुत्र था, जिसे बहुत सम्मान ।।

उपाधि विक्रिम केसरी, नृपश्रीपुंज समान ।
अनेक उसको प्राप्त थीं, पदवी आलिशान ।।

(33. रावल रणसिंह 1158–1168)

दोहा भूप उदयपुर राज्य का, तैंतीसवाँ सुपुत्र ।

पार्श्वभूमि प्रकरण

महाराज रणसिंह था, नृप विक्रम का पुत्र ।।

दो थे सुत रणसिंह के, दो शाखा के मूल ।
क्षेमसिंह चित्तौड़ में, "रावल" पद अनुकूल ।।

महिपसिंह रणसिंह का, दूजा सुत दमदार ।
बसा सिसोदा गाँव में, "राणा" उपाधि धार ।।

उसका सुत हम्मीर था, चित्तौड़ का प्रभार ।
जिससे था स्थापन हुआ, "सिसोदिया" परिवार ।।

हम्मीर के परिवार में, रत्नसिंह सामंत ।
जिसकी कन्या पद्मिनी, रूपवती श्रीमंत ।।

पत्नी लक्ष्मणसिंह की, रूपमती प्रख्यात ।
रानी थी चित्तौड़ की, कुलीन स्त्री विख्यात ।।

(34. रावल क्षेमसिंह 1168–1171)

दोहा

क्षेमसिंह चौंतीसवाँ, रणसिंह का सुपुत्र ।
रावल यह चित्तौड़ का, क्षत्रिय कुल का छत्र ।।

क्षेमसिंह नृप वीर था, अपने पिता समान ।
कुल स्थापक चित्तौड़ का, सिसोदिया गुणवान ।।

रावल कुल चित्तौड़ की, शाखा का करतार ।
लड़ कर अपने तात से, छोड़ गया दरबार ।।

दक्षिण दिश वह चल पड़ा, करने नव संसार ।
भाई उसके साथ था, सज्जनसिंह उदार ।।

प्रपौत्र सज्जनसिंह का, भैरवसिंह सुनाम ।
भैरोजी या भोसला, भोसाजी उपनाम ।।

59

पार्श्वभूमि प्रकरण

भोसाजी के वंश में, हुआ शिवाजी भूप ।
शूर मराठा शेर जो, प्रताप का प्रतिरूप ।।

वीर छत्रपति ने किया, मुगलों का संहार ।
राष्ट्र–धर्म के प्रेम को, गवाह है संसार ।।

ना होता बप्पा अगर, ना होता परताप ।
न ही शिवाजी जन्मता, घोर पनपता पाप ।।

(35. रावल सामंतसिंह)

दोहा रावल नृप पैंतीसवाँ, क्षेमसिंह का पुत्र ।
छोड़ गया चित्तौड़ को, दिए अनुज को सूत्र ।।

डूँगरपूर के राज्य का, भूप बना सामंत ।
नया राज्य सामंत ने, किया बहुत श्रीमंत ।।

(36. रावल कुमारसिंह 1179–1191)

दोहा रावल नृप छत्तीसवाँ, कुमारसिंह अनूप ।
वीर सामंतसिंह था, डूँगरपुर का भूप ।।

(37. रावल मदनसिंह 1191–1211, मंथनसिंह)

दोहा मदनसिंह सैंतीसवाँ, चित्तौड़ का नरेश ।
अंगज कुमारसिंह का, किया सुरक्षित देश ।।

पार्श्वभूमि प्रकरण

दिल्ली के पृथ्वीराज चौहान की कहानी

सन 1163-1192

दोहा

भोली सूरत में छुपे, तक्षक जैसे लोग ।
तिनका सूक्ष्म भी यथा, देता विष का रोग ।।

सन ग्यारह सौ बानबे, आया संकट घोर ।
किया द्रोह सुलतान ने, नमकहराम अघोर ।।

कृतघ्न का करके भला, भयी भयानक भूल ।
लुच्चा नमकहराम वह, दीन्हा भीषण शूल ।।

दूरदृष्टि यह ना जिसे, होता उसका नास ।
मुँह के बल औंधा गिरे, और गले में फाँस ।।

(अत:)

दोहा

दरसाने को दिल बड़ा, दया दुष्ट पर व्यर्थ ।
जिसे न यह पल्ले पड़ा, उसके साथ अनर्थ ।।

यही सूत्र है नीति का, रखे सदा जो याद ।
गढ्ढ़े में वह ना गिरे, यह सुनने के बाद ।।

कौन भला या है बुरा, कौन संत या दुष्ट ।
पहिचाने जो यह सदा, वही रहे संतुष्ट ।।

पार्श्वभूमि प्रकरण

क्या उसकी औकात है, कैसा उसका वंश ।
क्या उनके गुण-धर्म हैं, कितना सत् का अंश ।।

मन में कितना मैल है, किस बदले की प्यास ।
जानो कितनी सभ्यता, फिर उस पर विश्वास ।।

(और)

दोहा

कौन मित्र के योग्य है, कौन बदलता रंग ।
कालकूट किसमें भरा, किसका जाली ढंग ।।

खानदान जिसका सड़ा, जानो उसको विघ्न ।
ओछा धोखेबाज़ वो, होगा सदा कृतघ्न ।।

कौन साधु या साँप है, कौन है दगाबाज़ ।
जिसके हिरदय पाप है, बिगाड़ देगा काज ।।

कौन बला का बीज है, किसमें जरा न लाज ।
धूर्त फरेबी कौन है, इसका हो अंदाज ।।

किसकी नीयत है बुरी, कौन नीच हैवान ।
किसके दिल में कीच है, कौन तमस्-गुणवान ।।

(और भी)

दोहा

किसमें कुमति है भरी, किसका करना खंड ।
किसको करनी है क्षमा, किसको देना दंड ।।

जो नर बेईमान है, उससे क्या इकरार ।
उसकी झूठी याचना, करो सदा इनकार ।।

काँटा छोटा ही सही, होता विष का मूल ।
उसे छोड़ कर देह में, देगा आगे शूल ।।

चिनगारी छोटी भी हो, दावाग्नि की बीज ।

62

पार्श्वभूमि प्रकरण

वैरी पर करना दया, आत्मघात की चीज़ ।।

एक सड़ी सी प्याज भी, कर देती दुर्गंध ।
एक बूंद भी जहर की, हने कुटुंब सबंध ।।

लापरवाही अल्प भी, बने फाँस की डोर ।
गलत समय जो भूल की, फल उसका फिर घोर ।।

(तथा ही)

दोहा यद्यपि तुम अति शूर हो, बल भी हो भरपूर ।
दुष्मन को ना समझ कर, हो जाओगे चूर ।।

नीति नियम को छोड़ कर, अगर किया अविचार ।
जनम–जनम भुगतें सजा, वंशज रिश्तेदार ।।

दूषित जिसका खून है, उन पर कर विश्वास ।
आत्मघात का फिर उसी, गले लगेगा फाँस ।।

(पृथ्वीराज)[7]

दोहा महा प्रतापी वीर था, राणा पृथ्वीराज ।
हुआ न होगा ना हि है, उसके जैसा आज ।।

उसने कीन्हा एक ही, नीति-प्रतिकूल काम ।
कृतघ्न को करके क्षमा, मिला घोर अंजाम ।।

चिरस्थायी परिणाम से, हुआ अमित नुकसान ।
म्लेच्छों को सत्ता मिली, गये अनगिनत प्राण ।।

धनु से निकला तीर जो, वापस लौट न पाय ।
लगा रोग जो देह में, अंग न काटा जाय ।।

---

[7] See Appendix 6C-CF

पार्श्वभूमि प्रकरण

(और)

दोहा   दिल्ली अरु अजमेर का, राजा पृथ्वीराज ।
            सर्वश्रेष्ठ भट वीर वो, सर्वस्तुत्य था आज ।।

            पृथ्वीराज अजमेर का, राजपूत चौहान ।
            दिल्ली का वह नृप बना, दत्तक-सुत सम्मान ।।

            वीरों का वह वीर था, गुण संपन्न सुरेश ।
            योद्धा पृथ्वीराज था, अजमेर का महेश ।।

            बाहुबली वह परम था, महान अश्व सवार ।
            इन्द्र समान स्वरूप था, कर उसके तलवार ।।

            क्षत्रिय श्रेष्ठ पराक्रमी, शूर विक्रमी धीर ।
            महाधनुर्धर मारता, आँख मूँद कर तीर ।।

            कला रसिक उत्कृष्ठ था, प्रेम-रंग रस लिप्त ।
            पत्नी प्रिय संयोगिता, अथाह जिससे प्रीत ।।

            दानी पृथ्वीराज था, दया क्षमा भँडार ।
            धर्मवीर शिवभक्त था, याद रखे संसार ।।

घोरी के ग्यारह वे हमले की कहानी
सन 1192

(घोरी का ग्यारहवाँ हमला)

दोहा   मियास-उद्दीन, घोर का, महा दुष्ट सुलतान ।
            बारबार हमला करे, भारत पर घमसान ।।

            दिल्ली पर उसने किया, हमला दसवीं बार ।

पार्श्वभूमि प्रकरण

हारा फिर से युद्ध में, कैद हुआ इस बार ।।

क्षमा याचना खूब की, दिया झूठ अहसास ।
कीन्हा पृथ्वीराज ने, छद्मी पर विश्वास ।।

छोड़ दिया सुलतान को, करके बहु सम्मान ।
दूध पिलाया साँप को, सुहृद सच्चा मान ।।

विनाश की हो जब घड़ी, पापी लगता पूत ।
झूठा लगता सत्य है, मिथ्या लगे सबूत ।।

नीति छोड़ कर जो किया, उदारता से काम ।
महा भयानक फिर मिले, उसका दुष्परिणाम ।।

हमला तुम पर जो करे, शस्त्र-सैन्य के साथ ।
उसको जीवन दान क्यों, करने आत्मघात ।।

रण पर आता युद्ध को, लेने तुमरी जान ।
उस पर करनी क्यों दया, शठ को सुहृद मान ।।

श्लोक

सुभाषितम्

हत्वाऽवध्यं हि यत्पापं शास्त्रेषु विदितं खलु ।
वध्यं तदेव चाहत्वा पातकं कथितं तथा ।।

दोहा "अवध्य के वध के लिए, शास्त्र कहत जो पाप ।
ना करके वध वध्य का, वही लगत है आप" ।।

पार्श्वभूमि प्रकरण

अफगाणिस्तान में

(घोरी का ग्यारहवाँ हमला, 1192)

दोहा   कीन्हा जो अफगान में, करने धर्म प्रसार ।
वह दुहराने हिंद में, आता बारंबार ।।

घणी विफलता हिंद में, पाकर भी दस बार ।
घोरी लज्जित ना हुआ, ना माना वह हार ।।

हमला ग्यारहवाँ किया, घोरी ने घमसान ।
लेकर सेना आगया, भारत में सुलतान ।।

सेवक लाया साथ में, ऐबक कुतुबुद्दीन ।
घोरी जैसा दुष्ट था, धर्म–प्रसारण लीन ।।

आया जब वह हिंद में, साथ मिला जयचंद ।
घर का भेदी, लालची, और बुद्धि का मंद ।।

घोरी को दी सूचना, जयचंद ने तत्काल ।
"वन में पृथ्वीराज है, कर दो उस पर चाल" ।।

निहार हमला म्लेच्छ का, अकस्मात अनिवार ।
अवाक् पृथ्वीराज था, लड़ने बेतैयार ।।

छिड़ी लड़ाई जोर की, लड़ा खूब रणवीर ।
शर से आहत, गिर पड़ा, बदल गयी तकदीर ।।

कैद किया सुलतान ने, नमकहरामी जोड़ ।
दीन्हीं पृथ्वीराज की, दोनों आँखें फोड़ ।।

घोरी वापस जब गया, संग लिये चौहान ।
ऐबक को दिल्ली मिली, बना नया सुलतान ।।

पार्श्वभूमि प्रकरण

ऐबक ने फिर नगर में, कीन्हे अत्याचार ।
गिरा दिये मंदिर कई, करने खड़ा मिनार ।।

(अफगाणिस्तान में)

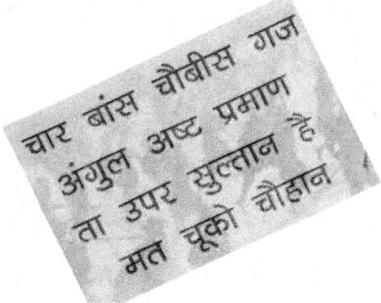

चार बांस चौबीस गज
अंगुल अष्ट प्रमाण
ता उपर सुल्तान है
मत चूको चौहान

दोहा
    आये जब वे घोर में, घोरी में था जोश ।
आयी जनता महल में, जय! जय! करती घोष ।।

भरा प्रदर्शन घोर में, घोरी को आनंद ।
बंदी पृथ्वीराज था, सँग बरदाई चंद ।।

उच्च मंच पर था खड़ा, घोरी का सुलतान ।
प्रजा खड़ी थी देखने, तिरंदाज तूफान ।।

खड़े मंच के सामने, अन्धे पृथ्वीराज ।
सँग बरदाई चंद भी, बाज रहे थे साज ।।

करके पृथ्वीराज को, गुप्त-भाष संकेत ।
बरदाई ने दे दिया, उसे ठीक संदेश ।।

"चतुर्-बाँस, चौबीस गज, उँगल-अष्ट प्रमाण ।
वहाँ खड़ा सुलतान है, चुकियो मत चौहान" ।।

छोड़ा पृथ्वीराज ने, उसी लक्ष्य पर बाण ।

67

पार्श्वभूमि प्रकरण

लगा बाण सुलतान को, छोड़े उसने प्राण ।।

(38. रावल पद्मसिंह 1211–1213)

दोहा   पद्मसिंह अड़तीसवाँ, चित्तौड़ का महीप ।
मदनसिंह का पुत्र था, महान वीर प्रदीप ।।

(39. रावल जैत्रसिंह 1213–1256)

दोहा   रावल उनतालीसवाँ, जैत्रसिंह बलवान ।
पद्मसिंह का पुत्र था, महावीर सुजान ।।

हारा था इस वीर से, दिल्ली का सुलतान ।
इस नृप ने चित्तौड़ का, बढ़ा दिया सम्मान ।।

(40. रावल तेजसिंह 1256–1273)

दोहा   रावल नृप चालीसवे, चित्तौड़ के महान ।
जैत्रसिंह के पुत्र थे, योद्धा पिता समान ।।

उपाधियाँ इनको मिलीं, परमेश्वर अधिराज ।
महाराज अधिराजश्री, भट्टारक पुखराज ।।

महाराज मेवाड़ के, परमप्रतिष्ठावान ।
श्वशुर थे महाराज के, जलोर के चौहान ।।

(41. रावल समरसिंह 1273–1301)

दोहा   समरसिंह चित्तौड़ के, इकतालीसवे भूप ।
शूर वीर बलवान थे, धर्मात्मा सुखरूप ।।

सुलतानों को रोक कर, दी थी उनको मात ।
गाथा इनके शौर्य की, ऐतिहासिक विख्यात ।।

खिलजी ने जब था किया, चित्तौड़ पर प्रहार ।
वीर रतन सुत समर को, दिया शत्रु ने मार ।।

पार्श्वभूमि प्रकरण

कुम्भकर्ण सुत दूसरा, समरसिंह का स्थूल ।
मल्ल वंश नेपाल के, राजवंश का मूल ।।

(42. रावल रत्नसिंह 1301–1303)

दोहा रत्नसिंह मेवाड़ का, बयालीसवाँ भूप ।
समरसिंह का पुत्र था, अंतिम गुहिल स्वरूप ।।

(43. राणा लक्ष्मणसिंह 1303–1314)

दोहा रत्नसिंह का दूर का, था इक रिश्तेदार ।
लक्ष्मण जिसका नाम था, बना प्रमुख सरदार ।।

रत्नसिंह जब चल बसे, बिना किसी संतान ।
लक्ष्मण को गादी मिली, रावल का सम्मान ।।

मूल लक्ष्मणसिंह का, खूर्द सिसोदा ग्राम ।
लक्ष्मण के कुल को मिला, "सिसोदिया" शुभ नाम ।।

चाचा लक्ष्मणसिंह के, भीमसिंह अभिधान ।
चालक अब चित्तौड़ के, अंगवस्त्र परिधान ।।

भीमसिंह की पद्मिनी, धर्मपरायण दार ।
अद्वितीय थी सुंदरी, शुचि क्षत्राणी नार ।।

(सन 1303)

युद्ध चित्तौड़ का हुआ, समाप्त जब घमसान ।
सोलह सहस्त्र जल गईं, क्षत्राणियाँ महान ।।

किया तभी सुलतान ने, भीषण कत्लोआम ।
काटे पूरे राज्य के, तीस हजार किसान ।।

चित्तौड़ के संग्राम में, क्षत्रिय बीस हजार ।
लड़ते-लड़ते कट गए, मगर न माने हार ।।

पार्श्वभूमि प्रकरण

महारानी पद्मिनी की कहानी
सन 1303

श्लोक

पत्नीवत्परदारा च येभ्य: कन्या: स्वसा: परा: ।
आगता यवना: पापा भ्रष्टं कर्तुं नु भारतम् ।।

दोहा   सन तेरह–सौ–तीन की, निंदनीय है बात ।
दिल्ली के सुलतान की, निर्घृण जिसकी जात ।।

चौदहवाँ सुलतान वो, नाम अलाउद्दीन ।
खिलजी शठ अश्लील वो, बर्बर लज्जाहीन ।।

सुनी खबर उसने जभी, "चितौड़ नृप की दार ।
मन मोहक है पद्मिनी, विश्व सुंदरी नार" ।।

हवास उसका जग पड़ा, लाने उसको छीन ।
बुरी नज़र पर–दार पर, विचार उसका हीन ।।

पाजी लंपट दुष्ट वो, कपटी काला साँप ।
कूटकूट मन में भरा, कालकूट सा पाप ।।
हँसनिया पर वह मरा, कपटी काला काग ।
राजपूत की स्त्री मिले, उसके मन में आग ।।

(तभी)
दोहा   खिलजी ने हमला किया, चितौड़ पर घमसान ।
राजपूत लड़ने लगे, वीर जिन्हें अभिधान ।।

कट कर धरती पर गिरे, मगर न माने हार ।
स्त्रीयाँ कूदी आग में, करने को जौहार ।।

70

पार्श्वभूमि प्रकरण

जल कर सारी मर गयीं, मगर न आयीं हाथ ।
स्वर्ग गयीं वीरांगना, दिया शरण जगनाथ ।।

खिलजी लौटा हार कर, बुझ ना पायी प्यास ।
मर कर जीते वीर वे, उज्ज्वल वह इतिहास ।।

राणा प्रताप चरित्र गीत माला, पुष्प 24
राणी पदमावती
स्थायी
राजस्थान की पावन देवी, रानी पद्मावती ।
वो तो, नारी जगत महान थी ।
जिसे, सानी कोई न थी ।।

सां–रेंसांसां–सां ध सां–रेंसां सां–सांनि,
निरेंसांनि, धपगमपनि– – – – ।
ध प, म–म– ममप मनिप–म ग– – – – ।
सासा, ध–ध–प धपनिध पम– – – – – – ।।

अंतरा–1
जग में सुंदर, नारी अनुपम, नैतिक उसकी बुद्धि ।
धर्मचारिणी वह तो नारी,
सीता जैसी सती ।। जिसे ...

धध ध– ध–धध, ध–ध– निनिनिप,
पनिपम गगपम म– – – म– – – ।
सां–रें सां–सांसांध सांसां रेंसां सां–सांनि,
नि रेंसांनि धपगम पनि– – – ।। धप...

अंतरा–2
पतिव्रता वह, नीति निपुण थी, राजस्थान की शान थी ।

71

पार्श्वभूमि प्रकरण

लक्ष्मी का अवतार धरा पर, मेवाड़ की जान थी ।। जिसे ...

दोहा   खिलजी जब वापस गया, दिल्ली खाली हाथ ।
           सोनगरा को नृप किया, देकर सेना साथ ।।

           रावल लक्ष्मणसिंह ने किया नया अभियान ।
           "राणा" पद से नृप बना, केलवड़ा[8] था स्थान ।।

(44. राणा अरिसिंह 1314–1326)

दोहा   राणा चौवालीसवाँ, चित्तौड़ का सुजान ।
           बेटा लक्ष्मणसिंह का, केलवड़ा में स्थान ।।

           पत्नी उसकी सोंगरी, सुंदर देवी रूप ।
           पुत्र उन्हें हम्मीर था, महान भावी भूप ।।

           लड़ते-लड़ते शत्रु से, लक्ष्मण अरु अरि वीर ।
           दोनों जब मारे गए, भूप बने हम्मीर ।।

           पुत्र वीर अरिसिंह का, सिसोदिया रणधीर ।
           शूर पिता जब चल बसे, बालक था हम्मीर ।।

(45. महाराणा हम्मीरसिंह 1326–1364)

दोहा   भूप बना हम्मीर जब, नाबालिग था वीर ।
           अजयसिंह पितृव्य ने, रक्षित की जागीर ।।

           राणा पैंतालीसवाँ, सिसोदिया हम्मीर ।
           युद्ध करे तलवार से, भाला खांड़ा तीर ।।

           देख शौर्य हम्मीर का, सिसोदिया परिवार ।
           दिव्य दिया हम्मीर को, महाराणा उपहार ।।

---

[8] केलवड़ा = राजसमंद

पार्श्वभूमि प्रकरण

वीर निडर रणधीर थे, महाराणा हम्मीर ।
नवोत्थान चित्तौड़ का, करने बहुत अधीर ।।

करके युद्ध बिना रुके, महाघोर खूँखार ।
भव्य किया साम्राज्य में, हिंदुत्व का प्रसार ।।

महाराज हम्मीर ने, लेकर सेना घोर ।
किया भयानक आक्रमण, चितौड़गढ़ की ओर ।।

सोनगरा ने हार कर, किया पलायन दूर ।
छोड़ दिया चित्तौड़ को, होकर अति मजबूर ।।

(जय एकलिंग जी!)

दोहा एकलिंग के नारे चले, भीषण चारों ओर ।
ध्वज भगवों से गेरुआ, रंग उठा चित्तौड़ ।।

सिसोदिया के हाथ में, आया गढ़ चित्तौड़ ।
देख रहा सुलतान था, दिल्ली से नाक सिकोड़ ।।

(46. महाराणा क्षेत्र सिंह 1364–1382)

दोहा क्षेत्रसिंह राणा बने, मेवाड़ के महान ।
पुत्र भूप हम्मीर के, योद्धा पिता समान ।।

खेता अथवा खेतसी, उन्हें प्राप्त थे नाम ।
जीते युद्ध अनेक थे, खेता ने कृतकाम ।।

राणा थे चित्तौड़ के, छियालीसवे वीर ।
लाखाजी के थे पिता, जिनका लोह शरीर ।।

बूँदी के हरराज की, कन्या इनकी दार ।
रानी थी वीरांगना, युद्ध कुशल दमदार ।।

पार्श्वभूमि प्रकरण

(47. महाराणा लाखासिंह 1382–1421)

दोहा   महान सैंतालीसवे, राणा लाखासिंह ।
         सुजान जिनके थे पिता, राणा खेतासिंह ।।

         लाखाजी थे साहसी, पराक्रमी रणवीर ।
         लग जाती सुलतान को, धाक से बवासीर ।।

         धर्मात्मा थे लक्ष जी, स्वदेश भक्त महान ।
         शिल्प कला से प्रेम था, खुल कर करते दान ।।

         बनवाए तालाब थे, मंदिर महल विशाल ।
         खिलजी ने तोड़े हुए, कीन्हे ठीक महाल ।।

         लाखा जब राणा बने, निर्मल था मेवाड़ ।
         हुआ तभी तैमूर का, दिल्ली–नर–संहार ।।

         दिल्ली की थी सलतनत, हुई बहुत कमजोर ।
         स्वतंत्र अब सब होगए, मांडू सूरत नागोर ।।

(48. महाराणा मोकलसिंह 1421–1433)

दोहा   राणा अड़तालीसवे, मेवाड़ के प्रसिद्ध ।
         लाखाजी के पुत्र थे, सदा युद्ध को सिद्ध ।।

         वीर प्रतापी क्षात्र थे, पुरुषार्थी प्रख्यात ।
         राजनीति में कुशल थे, शस्त्र कला निष्णात ।।

         बड़े-बड़े तालाब औ, मंदिर के करतार ।
         बनवाए नूतन कई, कीन्हे जीर्णोद्धार ।।

(49. महाराणा कुम्भा 1433–1468)

दोहा   राजा थे उनचासवे, राणा कुम्भा नाम ।
         कुम्भकर्ण या कुम्भ भी, कहती जनता आम ।।

पार्श्वभूमि प्रकरण

मांडू के सुलतान को, दिए मात घमसान ।
कुम्भा ने द्रुग जीत कर, कैद किया सुलतान ।।

(कीर्तिस्तंभ)[9]

दोहा विजय मनाने जीत की, रचा कीर्ति का स्तंभ ।
जिसे देख कर नष्ट था, सुलतानों का दंभ ।।

कुम्भा ने फिर जीत कर, पुष्ट किया मंडोर ।
विनत किए सुलतान सब, सूरत कछ नागोर ।।

परचम अपना कुम्भ ने, फहराया दिश चार ।
राजा अरु सुलतान सब, मान गए थे हार ।।

मंगलगढ़ जयपुर-खादु, बूँदी रणथंभोर ।
सारंगपुर बंवावदा, जोधपुर-मंडोर ।।

सांबर जावर मालपुरा, जहाजपुर अजमेर ।
आबू नटवर गोड़वा, बिसलपूर आमेर ।।

कुम्भा जितना शूर थे, उतना उनको ज्ञान ।
पंडित थे संगीत के, संस्कृत कवि विद्वान ।।

शिल्प कला का शास्त्र भी, भवन-महल करतार ।
लेखक श्रेणी उच्च के, नाट्यशास्त्र से प्यार ।।

(50. महाराणा उदयकर्ण, ऊदाजी 1468-1473)

दोहा पचासवाँ मेवाड़ का, भूप उदय था नाम ।
कुम्भा सुत यह नीच था, दुष्टों में सम्मान ।।

---

[9] कीर्तिस्तंभ, देखिए **APPENDIX 6, Page 2**

पार्श्वभूमि प्रकरण

राणा कुम्भा थे पिता, अनुज रायमल भ्रात ।
उदयकर्ण शठ पातकी, जिसके मंगल तात ।।

पूज्य पिता को मार कर, दूर भगा कर भ्रात ।
छीना गढ़ चित्तौड़ का, देकर सबको मात ।।

सेना के सरदार सब, जो थे उसके दास ।
ओछे द्रोही दोगले, सेवक उसके पास ।।

(51. महाराणा रायमल, 1473–1506)

दोहा   इक्यावनवाँ भूप था, चित्तौड़ का सुजान ।
उदयकर्ण का भ्रात यह, धार्मिक वीर महान ।।

धर्मकर्म इसने किए, मंदिर जीर्णोद्धार ।
राज्यकाल में था सदा, उथल-पुथल परिवार ।।

महावीर महाराणा संग्राम सिंह की कहानी

76

पार्श्वभूमि प्रकरण

(50. महाराणा संग्रामसिंह 1506–1528)

दोहा **बावनवे चित्तौड़ के, राणा महा महान ।**
राणा सांगा श्रेष्ठ थे, राजपूत सम्मान ।।

उदयकर्ण के बंधु थे, रायमल के सुपुत्र ।
महाप्रतापी वीर थे, ज्योतिष्मान चरित्र ।।

(व्यक्तित्व)

दोहा **महाराज मेवाड का, योद्धा राणा संग ।**
धुरंधरों में धीर था, रणवीरों में सिंग ।।

महाप्रतापी ख्यात था, सिसोदिया का वंश ।
अनन्य भट निष्णात था, राजपूत शिव अंश ।।

निशान जिसके देह पर, सिर से लेकर पाँव ।
लगे विविध विध शस्त्र के, रण में अस्सी घाव ।।

देशभक्त उस वीर के, सदा जयश्री साथ ।
फूटा लोचन एक था, एक टाँग अरु हाथ ।।

समितिंजय इस वीर ने, कभी न पायी हार ।
लोदी सम सुलतान को, दीन्हीं इसने मार ।।

जीते इसने रण सभी, खातोली, गुजरात ।
ईडर, अहमदनगर भी, विराम–बिन दिन रात ।।

(और)

दोहा **बिजली सम चंचल बड़ा, अश्व–सवार अनूप ।**
अचल शैल सम दृढ़ खड़ा, चितौड़गढ़ का भूप ।।

अतुल मनोबल धैर्य का, प्रबल भुजा का वीर ।
उदार हिरदय कर्ण सा, गहरा सागर नीर ।।

पार्श्वभूमि प्रकरण

उसकी सेना पर उसे, अटल सदा विश्वास ।
किसी समस्या घोर से, हुआ कभी न उदास ।।

राज्य सुरक्षा ही उसे, सबसे बढ़ कर काम ।
लीन प्रजा उसकी सदा, देश प्रेम के नाम ।।

मतृभूमि का भक्त वो, सदय प्रजा का पाल ।
वीर पूर्वजों का करे, आदर समग्र काल ।।

(और भी)

दोहा

धीरज का वह मेरु था, वदन तेज मार्तंड ।
नस–नस में बहती सदा, सरिता–स्फूर्ति अखंड ।।

कीर्ति गान इस सिंह के, गाते वीर अनंत ।
घर–घर में स्तुति संग की, जिसे न कोई अंत ।।

महा विक्रमी संग था, बाप्पा रावल रूप ।
वही उसे आदर्श था, राणा सूर्य स्वरूप ।।

घोड़ा उसका शुभ्र था, धौला सफेद रंग ।
विद्युत गति से दौड़ता, सवार राणा संग ।।

ऊँचा तगढ़ा अश्व वो, चिकना उसका अंग ।
चलता सुंदर चाल से, शानदार सा ढंग ।।

(और)

दोहा

पहुँचाया संग्राम ने, उच्च शिखर पर राज्य ।
स्वाभिमान स्वातंत्र्य का, उसे नहीं था त्याज्य ।।

नाम संग सांगा इसे, दीन्हे है इतिहास ।
बड़े–बड़े दस राज्य थे, इस राणा के दास ।।

हिंदू नरेश श्रेष्ठ थे, सांगा तत्कालीन ।

पार्श्वभूमि प्रकरण

जिनसे सारे काँपते, होकर वे बलहीन ।।

जीते अट्ठाईस थे, बड़े-बड़े संग्राम ।
दिल्ली ईडर मालवा, गुजरात बीसलग्राम ।।

राजनीति मर्मज्ञ थे, भीषण योद्धा वीर ।
गठील तन चेहरा भरा, विशाल नैन शरीर ।।

सिक्कों पर संग्राम के, त्रिशूल स्वस्तिक छाप ।
उन्नति पर मेवाड़ था, गौरव वित्त अमाप ।।

(तथा ही)

दोहा रानी राणा संग की, करुणावति प्रख्यात ।
रूपमती लावण्य थी, सरस्वती साक्षात ।।

माता वह चितौड़ की, राजनीति विद्वान ।
देवी वह मेवाड़ की, राणा जी की शान ।।

घोड़ा उसका दौड़ता, वायु वेग, सह जोश ।
वैरी डरते संग से, निहार उसका रोष ।।

खानवा की लड़ाई

(सन 1527)

दोहा फिर सन सत्ताईस में, आया संकट घोर ।
राजपूत-इतिहास में, आये मुगल अघोर ।।

लोदी दिल्ली के लड़े, हुए पूर्ण बरबाद ।
बाबर आया तख्त पर, मुगल हुए आबाद ।।

पानीपत के दूसरे, इसी युद्ध के बाद ।
बाबर को दिल्ली मिली, और चढ़ा उन्माद ।।

पार्श्वभूमि प्रकरण

उसका हमला आरहा, स्वाभाविक जो काम ।
सांगा तत्पर होगया, करने को संग्राम ।।

किला बयाना जीत कर, सज्जित सर्व प्रकार ।
राणा सांगा ने करी, महायुद्ध ललकार ।।

(खानवा)

दोहा

युद्ध क्षेत्र था खानवा, जहाँ मिले दो वीर ।
राजपूत थे लड़ रहे, लेकर भाले तीर ।।

युद्ध भूमि पर धर्म का, करने को संग्राम ।
चार और नृप आगये, मातृ भूमि के नाम ।।

अंबर चंदेरी तथा, बूँदीगढ़ अजमेर ।
राजस्थानी सैन्य ने, लीन्हा रण सब घेर ।।

सेना में सुलतान की, हिंदू खिदमतगार ।
और मुगल की फौज में, तोपें थी खूँखार ।।

मुगलों ने मेवाड पर, तानी जब थी तोप ।
तुरंत राणा संग ने, उनको दीन्हा रोक ।।

राजपूत तलवार से, लड़े खूब रणवीर ।
मुगल तोप बंदूक से, किये वार गंभीर ।।

हुआ युद्ध घमसान था, बारुद की बौछार ।
गोले तोपों से गिरे, रण पर हाहाकार ।।

तोपों की बौछार ने, मचा दिया कुहराम ।
राजपूत घबड़ा गए, बिगड़ गया सब काम ।।

साथी राणा के डरे, छोड़ दिया संग्राम ।

80

पार्श्वभूमि प्रकरण

राणा लड़ता रह गया, बिना किये विश्राम ।।

काटाकाटी फिर हुई, गिरे धनाधन वीर ।
युद्ध विसर्जित होगया, राणा बचा सुधीर ।।

(अंत में)

दोहा

हार गए बलबीर थे, महायुद्ध घनघोर ।
सांगा घायल बच गया, मगर हुआ कमजोर ।।

राणा आहत था हुआ, गया राज्य से दूर ।
करने को सेना नयी, रणवीरों की शूर ।।

अंतिम आश्रय कालपी, करने को विश्राम ।
जहाँ साँस ली आखरी, लेकर शिव का नाम ।।

राणा था तन तज गया, कुछ ही वर्षों बाद ।
इतिहास इस महान को, रखे हमेशा याद ।।

दिल्ली में अब होगया, बाबर का अधिकार ।
बचा न कोई सूरमा, करने को प्रतिकार ।।

इस संगर के अंत में, शायद ही परिवार ।
जिसने खोया वीर ना, पिता–सुपुत्र जुझार ।।

जहाँ जगी उम्मीद थी, तीन शतक के बाद ।
पुनः हिंदुसाम्राज्य का, संभव आया याद ।।

वहाँ मुगल साम्राज्य की, पड़ी नींव विकराल ।
घोर पनपती जो गई, और पाँच सौ साल ।।

राणा प्रताप चरित्र गीत माला, पुष्प 25

पार्श्वभूमि प्रकरण

राग : यमन कल्याण, छंद : भुजंगप्रयात

राणा संग

स्थायी

महावीर मेरा, महा संग राणा ।

ऩिरे-ग-मं प-प-, धप- मं-ग रे-सा- ।

अंतरा-1

किसी शस्त्र से ना, गिरा सूरमा ये,
किसी दुक्ख से ना, दुखा आतमा ये ।
खुशी से इसी के, स्तुति गीत गाना ।।

ऩिमं- ग-मं ग- मं-, पमं- ग-रेग- मं-,
पमं- ग-रे ग- मं-, ग-रेसा- सा- ।
सारे- ग- मंग- मं-, धप- मं-ग रे-सा- ।।

अंतरा-2

इसे देह पर घाव अस्सी हुए थे ।
अगर पाँव, कर, आँख आहत भए थे ।
तभी जंग में जीतता ये शहाणा ।।

अंतरा-3

इसे धर्मवीरों का है वीर माना ।
इसे कर्मवीरों का भी वीर माना ।
महा शूर योद्धा यही एक जाना ।।

(53. महाराणा रत्नसिंह 1528-1531)

दोहा **त्रेपनवाँ मेवाड़ का, रत्नसिंह था वीर ।**
स्थापन रणथंभोर में, सांगा का सुत धीर ।।

मांडू के सुलतान से, जीते सभी प्रदेश ।
पुनः किया मेवाड़ को, पुरण स्वतंत्र देश ।।

पार्श्वभूमि प्रकरण

(54. महाराणा विक्रमजीतसिंह 1531–1536)
(जौहर–1535)

दोहा
रत्नसिंह का बंधु था, विक्रमजीत गुमान ।
राणा यह चित्तौड़ का, अप्रिय था नादान ।।

इस राजा के काल में, गुजराती सुलतान ।
टूट पड़ा चित्तौड़ पर, युद्ध हुआ घमसान ।।

जौहर अब फिर से हुआ, पुनः दूसरी बार ।
जनता पीड़ित होगई, राणा पर धिःकार ।।

पन्ना धाय की कथा

दोहा
अभद्र था दरबार में, विक्रम का व्यवहार ।
बदला लेने पर तुले, राणा के सरदार ।।

विक्रम का, वणवीर था, एक चचेरा भ्रात ।
आया आधी रात में, करने को आघात ।।

सोते विक्रमसिंह को, डाला उसने मार ।
भेजे सैनिक, मारने, सोता राजकुमार ।।

दासी पन्ना धाय को, पता चली जब बात ।
राजभवन में वह गई, तुरंत आधी रात ।।

उसने उदय कुमार को, छुपा दिया इक ओर ।
सुला दिया निज पुत्र को, राजपुत्र की तौर ।।

आया सैनिक रात में, करने अपना काम ।
सोता बालक मार कर, कीन्हा काम तमाम ।।

पार्श्वभूमि प्रकरण

लौटा जब जल्लाद वो, पापी शठ निष्ठुर ।
पन्ना बच्चा लेगई, राजमहल से दूर ।।

देवलिया में आगई, पूर्ण सुरक्षित स्थान ।
कुम्भलगढ़ पर लेगई, पन्ना नन्ही जान ।।

पाँच वर्ष तक कुशल था, कुम्भलगढ़ पर बाल ।
चित्तौड़ पर वणवीर था, असावधान त्रिकाल ।।

सरदारों ने एक दिन, किया अचानक वार ।
मनमौजी वणवीर को, निर्मम डाला मार ।।

सिपाहियों ने उदय को, लाकर गढ़ चित्तौड़ ।
राणा घोषित कर दिया, सहर्ष ताबड़तोड़ ।।

(55. महाराणा उदयसिंह 1537–1572)

दोहा   पचपनवे मेवाड़ के, उदयसिंह बलबीर ।
राणा थे चित्तौड़ के, जैसी थी तकदीर ।।

बचपन में थे बच गए, उदयसिंह के प्राण ।
कीन्हा पन्ना धाय ने, इस बालक का त्राणा ।

(सन 1567)

दोहा   उदयसिंह के काल में, दिल्ली का सुलतान ।
लाया सेना सक्षसी, मुगलाई शैतान ।।

अकबर था चित्तौड़ पर, आया दूजी बार ।
लेने राजस्थान का, उस पर भूत सवार ।।

लड़े वीर चित्तौड़ के, युद्ध हुआ घमसान ।
मुगलों की तोपें चली, घोर हुआ नुकसान ।।

केसरिया बाना पहन, लड़े हजारों वीर ।

84

पार्श्वभूमि प्रकरण

चूँडावत रण बाँकुरे, चला रहे थे तीर ।।

तोपों के आगे गिरे, खड्ग तीर तलवार ।
मौत खड़ी थी सामने, मगर न माने हार ।।

अकबर वापस था गया, प्रथम युद्ध को हार ।
मगर आपसी कलह से, जीत गया इस बार ।।

बच्चे लेकर उदय था, निकल गया रण छोड़ ।
रण पर धाकड़ बाँकुरे, वीर गए दम तोड़ ।।

परम दिखाई वीरता, जयमल[10] ने खूँखार ।
पत्ता[11] उसके साथ था, राजपूत सरदार ।।

गोगूँदा में आगया, उदयसिंह परिवार ।
जिनमें बालक वीर था, प्रताप राजकुमार ।।

जीत गया फिर अंत में, दिल्ली का सुलतान ।
जिसने कत्लेआम का, दिया सख्त फरमान ।।

(जौहार–3)

हाथ मुगल के ना पड़ीं, शुभ क्षत्राणी नार ।
चित्तौड़ का यह तीसरा, पवित्र था जौहार ।।

इसी समय था हो चुका, विजयनगर संहार[12] ।
दक्षिण के सुलतान सब, मिल कर अत्याचार ।।

---

[10] बदनौर का राजा जयमल राठौड़ मेड़तिया

[11] पत्ता चूँडावत

[12] विजयनगर का तालीकोट युद्ध 1565

YEAR 1572

महावीर महाराणा प्रताप सिंह की कहानी, 1572 AD

राणा प्रताप चरित्र गीत माला, पुष्प 26

राग बिलावल, तीन ताल 16 मात्रा

शंकर भोले!

स्थायी

गौरी शंकर नटवर भोले!

डम डम डम डम डमरू बोले ।

सां–धप मगमरे गमपग मरेसा–,

साग मरे गप निनि सांसांरेंसां निधप– ।

अंतरा–1

गंगा बहती काली जटा से,

नाग गले में तुमरे डोले ।

प–प– धधनि– सां–सां सांरेंसां–,

सांगंमं गंरेंसांधप गमपग मरेसा– ।

अंतरा–2

तांडव नाचत प्रलय कराने,

नैन तीसरे तुमने खोले ।

अंतरा–3

त्रिशूलधारी! की मरजी से,

कभी शोले कभी पड़ते ओले ।

उदयपुर-चित्तौड़ के महाराणा प्रताप सिंह

महावीर महाराणा प्रताप सिंह की कहानी, 1572 AD

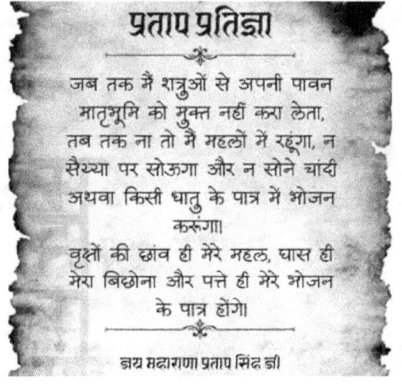

प्रताप प्रतिज्ञा

जब तक मैं शत्रुओं से अपनी पावन
मातृभूमि को मुक्त नहीं करा लेता,
तब तक ना तो मैं महलों में रहूंगा, न
सैय्या पर सोऊंगा और न सोने चांदी
अथवा किसी धातु के पात्र में भोजन
करूंगा।
वृक्षों की छांव ही मेरे महल, घास ही
मेरा बिछोना और पत्ते ही मेरे भोजन
के पात्र होंगे।

जय महाराणा प्रताप सिंह जी

(राणा प्रताप सिंह, 1540–1597)[13]

(1540)

दोहा	उदयसिंह मेवाड़ के, प्रताप के थे तात । जयवंता बाई सुधी, प्रताप की थीं मात ।।

उदयसिंह का सुत हुआ, पैना सूर्य समान ।
माता जयवंता गुणी, कुम्भलगढ़ था स्थान ।।

जन्म हुआ जब बाल का, लख कर शिशु का हाथ ।
बोले पंडित मुख्य थे, अति विस्मय के साथ ।।

होगा पुत्र महान ये, वीरों का भी वीर ।
शस्त्र इसे तलवार हो, भाला धनुष्य-तीर ।।

नीति नियम से यह करे, क्षात्र धर्म के काम ।
जग में यह ऊँचा करे, राघव कुल का नाम ।।

(नामकरण)

दोहा   नामकरण विधि जब हुआ, करके शिव का जाप ।

---

[13] See Appendix 6

87

महावीर महाराणा प्रताप सिंह की कहानी, 1572 AD

महा प्रतापी पुत्र को, मिला सुनाम "प्रताप" ।।

शिव के इस अवतार को, सबने किया प्रणाम ।
एकलिंग जी का हुआ, जय जय घोष महान ।।

बाजे-गाजे बज पड़े, कुम्भलगढ़ पर शोर ।
नाचे गाए वीर सब, खूब लगा कर जोर ।।

लड्डू बूँदी के बँटे, पेढ़े केसर रंग ।
कीन्हे सबने याद तब, बप्पा राणासंग ।।
पला भील समुदाय में, गोगूँदा था ग्राम ।
बचपन में पर्‌ताप का, "कीका" था उपनाम ।।

(फिर आगे, 1572)

दोहा उदयसिंह का एक दिन, जभी हुआ देहांत ।
अखैराज[14] ने कह दिया, सोचो होकर शांत ।।

मुगली सेना का यहाँ, भीषण है आक्रांत ।
चितौड़ गढ़ जगमाल[15] ने, किया हुआ है ध्वांत ।।

गोगूँदा से आगए, कुम्भलगढ़ सब वीर ।
राजतिलक पर्‌ताप का, करने सभी अधीर ।।

अखैराज ने तब कहा, प्रताप है वह वीर ।
जैसा पांडव पुत्र था, योग्य कुँवर युधिष्ठिर ।।

छप्पनवाँ मेवाड़ का, राणा प्रताप वीर ।
महान राजस्थान का, सर्वश्रेष्ठ रणधीर ।।

---

[14] अखैराज सोनगरा, 1572

[15] राणा प्रताप का बड़ा भाई, अकबर का पक्षकार

हल्दीघाटी की लड़ाई, सन 1576

हल्दीघाटी की लड़ाई, सन 1576

(हल्दीघाटी 1576)

दोहा   राणा प्रताप सिंह था, वीरों में आदर्श ।
गौरव उसकी कीर्ति का, नभ को करता स्पर्श ।।

उदयपूर का वीर वो, रुद्ररूप बजरंग ।
सिसोदिया के वंश का, दादा राणा संग ।।

राणा वर मेवाड़ का, महामना रण वीर ।
महा प्रतापी बाँकुरा, राजपूत रण धीर ।।

रक्षक हिंदू धर्म का, तन मन धन के साथ ।
महावीर नरश्रेष्ठ था, राजपुताना नाथ ।।

म्लेच्छ आक्रमक धूर्त का, किया प्रखर विरोध ।
लड़ा प्राण के अंत तक, लेने को प्रतिशोध ।।

बाहुबली यह वीर था, तेजस्वी आकार ।
अटल उसे विश्वास था, योद्धा था दमदार ।।

सुदृढ़ सुगठित गात्र थे, माथा भाल विशाल ।
कर में भाला लोह का, शिरस्त्राण असि ढाल ।।

उसकी स्फूर्ति अखंड थी, मातृभूमि से प्यार ।
गाता गाने जग सभी, प्रताप के सुखकार ।।

(लड़ाई)

दोहा   अपार सेना मुगल की, करत घोर उत्पात ।
हाथी घोड़ों से सजी, बंदूक तोप तैनात ।।

हल्दीघाटी की लड़ाई, सन 1576

राज्य-राज्य को जीतती, मार-काट घनघोर ।
जन गण के सिर फोड़ती, चली, संपदा चोर ।।

मंदिर-मूरत फोड़ती, भ्रष्ट करत सत् लोग ।
स्त्री-लज्जा को लूटती, विषय वासना भोग ।।

आये मुगल मेवाड़ में, करने कलुषित भ्रष्ट ।
सुषमा राजस्थान की, बल से करने नष्ट ।।

एक लाख से अधिक थे, मुगल सिपाही दुष्ट ।
अंधे पागल धरम के, नृशंसता-संतुष्ट ।।

(इधर से)

दोहा राजपूत भी चल पड़े, करने दो-दो हाथ ।
सेना नायक शूर जो, प्रताप उनके साथ ।।

हल्दीघाटी में हुआ, दो सेना संघर्ष ।
दस हजार पर्ताप के, बीरों के मन हर्ष ।।

काट-छाट भारी हुई, भीषण नर संहार ।
मुगल धनाधन गिर पड़े, कटे पचास-हजार ।।

अकबर का हाथी खड़ा, दिखा सैन्य के बीच ।
राणा दौड़ा उस तरफ, हय की लगाम खींच ।।

खड़े आमने-सामने, दो राजा उस वक्त ।
नृत, अनृत के सामने, खड़ा धैर्य से युक्त ।।

(तब)

दोहा एक-टकी से देख कर, राणा ने सुलतान ।
भाला ताना फेंकने, लेने उसकी जान ।।

प्रचंड लख कर कुन्त वो, डरा मुगल सुलतान ।

हल्दीघाटी की लड़ाई, सन 1576

झुका बचाने प्राण को, माँगा जीवन दान ।।

राणा भी दिल का बड़ा, धैर्य वीर महान ।
रोका भाला, देख कर, शरणागत सुलतान ।।

अकबर की वह याचना, नम्र, किये स्वीकार ।
लौटा राणा समर से, चेतक अश्व सवार ।।

नीति युद्ध के नियम का, कहा कृष्ण ने सार ।
डरे थके नि:शस्त्र पर, करे न योद्धा वार ।।
जिने झुकाया शीश है, माँगे शरण तिहार ।
राजा हो या रंक हो, उस पर ना हो वार ।।

शरणागत पर कर दया, निकला वह रण छोड़ ।
उसने माँगी जब क्षमा, दोनों कर को जोड़ ।।

क्षात्र धर्म संग्राम में, मिली तुझी को जीत ।
गायेंगे हम भारती, तेरे यश के गीत ।।

श्लोक छंद
नीतिबद्धा वयं सर्वे मर्तुं मारयितुं तथा ।
एषा नीति: सतो धर्म: क्षात्रस्य क्षात्रकर्म च ।।

नीतियुद्धस्य नियमा:
नीतिसूत्राणि श्रीकृष्ण: सकलान्स्पष्टमब्रवीत् ।
उवाच नियमानेतान्-पालयन्तु हि सैनिका: ।।

आहतं शरणाधीनं न कोऽपि सैनिकस्तुदेत् ।
भग्नं स्यादायुधं यस्य योद्धव्यो न स सैनिक: ।।

न च पलायिनो हत्या न घातो रणत्यागिन: ।

मृतदेहतिरस्कारो विखण्डनं च पातकम् ।।

धर्मक्षेत्रे समं सर्वं लाभालाभौ जयाजयौ ।
एवमाज्ञाऽस्ति शास्त्राणां पालयेयुर्दृढं भटा: ।।

दोहा   धर्मक्षेत्र पर सम सभी, लाभ-हानि जय हार ।
आज्ञा है यह शास्त्र की, नीति-युद्ध का सार ।।

नियम नीति के कृष्ण ने, बोले सभी विशाल ।
और कहा, सब सैनिकों! पालन हो हर काल ।।

जिसका छूटा अस्त्र हो, या टूटी तलवार ।
जो आहत या शरण हो, उस पर करो न वार ।।

जो आया हो शरण में, या नहिं लगता ढीठ ।
उस भट पर ना वार हो, जो दिखलावे पीठ ।।

इसी नीति के युद्ध को, कहा धर्म का युद्ध ।
जीना मरना सम जहाँ, समबुद्धि है शुद्ध ।।

कुम्भलगढ़ का युद्ध
सन 1578

(सन 1578)

दोहा   हल्दीघाटी का समर, जब था हुआ समाप्त ।
राजसमंद[16] प्रताप को, नया केन्द्र था प्राप्त ।।

मुख्य ध्येय अब एक था, चितौड़ पर अधिकार ।

---

16 राजसमंद = केलवड़ा

हल्दीघाटी की लड़ाई, सन 1576

इसी दिशा में तब किए, प्रयत्न सर्व प्रकार ।।

आए साथ प्रताप के, सीरोही जालोर ।
ईडर का सहयोग था, इसी लक्ष्य की ओर ।।

चितौड़ लेने के लिए, कुम्भलगढ़ हो प्राप्त ।
दिवेर उसके बाद में, फिर चित्तौड़ अवाप्त ।।

इसी सूत्र से बढ़ चले, आगे–आगे वीर ।
कदम–कदम पर तब मिले, नए–नए रणधीर ।।

चूँडावत रावत तथा, सोलंकी परिहार ।
आए साथ प्रताप के, शक्तावत परिवार ।।

(आक्रमण)

दोहा

पूर्ण तयारी जब हुई, कुम्भलगढ़ पर वार ।
मुगलों ने तब हार कर, खोल दिया गढ़ द्वार ।।

कुम्भलगढ़ के बाद ही, मदारिया पर वार ।
मुगलों ने वह भी दिया, बिना अधिक प्रतिकार ।।

अगला टप्पा अब बचा, दिवेर पर अधिकार ।
जमा किए इसके लिए, रसद द्रव्य हथियार ।।

जगह–जगह से आ मिले, विविध संगठन आप ।
खड़ी हुई सेना नई, उत्साह था अमाप ।।

दिवेर-चपली का युद्ध
सन 15 82

(सन 1582)

दोहा   सेना दिव्य प्रताप की, जभी हुई तैयार ।
दिवेर की दिश चल पड़ी, करने घोर प्रहार ।।

दिवेर पर जब पड़ गया, घेरा चारों ओर ।
मुगल वहाँ के डर गए, भगदड़ थी अति घोर ।।

अमरसिंह[17] ने रोक कर, मुगली थानेदार[18] ।
भीषण एक प्रहार से, डाला उसको मार ।।

बर्छा वह सुलतान को, गया चीरता पार ।
घोड़े को भी फाड़ कर, दीन्हा उसको मार ।।

(तब)

दोहा   मरा अग्रणी देख कर, बिना लगाए देर ।
मुगलों में हड़कम्प था, भागे छोड़ दिवेर ।।

दिवेर-चपली पर हुआ, प्रताप का अधिकार ।
सैन्य बढ़ा चावंड पर, करने को उद्धार ।।

पुश्तैनी यह गाँव था, सिसोदिया शृंगार ।
मुगलों ने दूषित किया, करके दुर्व्यवहार ।।

जीत कर चावंड को, किया स्वतंत्र जवार ।

---

[17] अमरसिंह, राणा प्रताप का पुत्र.

[18] दिवेर का मुगल थानेदार सुलतान खान.

हल्दीघाटी की लड़ाई, सन 1576

जीते डूँगरपुर तथा, बंसवाय प्राकार ।।

निर्णायक इस युद्ध से, मारवाड़ अजमेर ।
माँडू सूरत से जुड़ा, मध्ये खड़ा दिवेर ।।

आया अब मेवाड़ था, प्रताप नृप के हाथ ।
प्रताप ने इस भाग से, कीन्हे मुगल अनाथ ।।

(सन 1584)

दोहा   स्थापन अब मेवाड़ पर, प्रताप का था राज ।
अगले तेरह साल अब, राजपूत सरताज ।।

मुगलों ने अब ना किये, हमले या उत्पात ।
बिन बाधा की जिंदगी, सातों-दिन दिन-रात ।।

सार्वभौम राजा बने, राणा प्रताप वीर ।
पालक यह मेवाड़ का, पावन गंगा नीर ।।

जनहित का अवसर मिला, करने नव-निर्माण ।
तोड़फोड़ सब ठीक कर, करने जन कल्याण ।।

करी हस्तगत चौकियाँ, मुगलों से छियसाठ ।
मुगलमुक्त मेवाड़ था, लगभग अगले आठ ।।

YEAR 1597

महावीर महाराणा प्रताप सिंह का स्वर्गारोहण

सन 1597

(सन 1597)

दोहा प्रताप जब चावंड में, होकर मरणासन्न ।
शैय्या पर थे शांति से, मन था पूर्ण प्रसन्न ।।

ईर्दगीर्द सरदार थे, गौरवशाली वीर ।
हाथ पाँव पर्ताप के, धीरे मलत शरीर ।।

महावीर महाराणा प्रताप सिंह का स्वर्गारोहण

प्रताप ने उनको कहा, जोड़ ईश को हाथ ।
करो आज मैं जो कहूँ, शपथ ग्रहण के साथ ।।

गौरव रक्षा राज्य की, होगा पहला काम ।
तन मन धन से वचन से, एकलिंग के नाम ।।
सरदारों ने शपथ से, करी प्रतिज्ञा घोर ।
बप्पा रावल का वतन, राखेंगे पुरजोर ।।

सुन कर अमृत शब्द वे, करने स्वर्ग प्रयाण ।
प्रमुदित चित्त प्रताप ने, त्याग दिए निज प्राण ।।

हृदयभग्न दरबार ने, सह आदर सत्कार ।
मृत के पार्थिव देह का, किया अग्नि-संस्कार ।।

(श्रद्धांजलि)

दोहा
हिंदुशिरोमणि वीर को, वंदन लाख प्रणाम ।
पारसरूप प्रताप को, मिले स्वर्ग का धाम ।।

सूर्यवंश का भूप ये, धीरोदात्त उदार ।
यद रहे संसार में, इसका धैर्य्य अपार ।।

गौरवशाली शूर ये, पराक्रमी सरदार ।
तन मन धन से पूज्य है, एकलिंग अवतार ।।

राणा प्रताप चरित्र गीत माला, पुष्प 26
हुतात्मा राणा प्रताप के लिए प्रार्थना

महावीर महाराणा प्रताप सिंह का स्वर्गारोहण

स्थायी : प्रभु शांति देना इस आतमा को, तुमको हमारी यह वंदना है.

अंतरा : 1. मिले आतमा ये परमातमा से, लेना चरण में यह प्रार्थना है.

2. सारे जगत के आनंद दाता, गोविंद देना सुख आतमा को.

3. हे कृष दामोदर चक्रपाणि, इसे मोक्ष देना यह अर्चना है.

4. इसे पुण्य की तू घनी छाँव देना, तुझसे हमारी यह प्रार्थना है.

स्थायी

X				0				X				0			
–	–	–	सा	रे	ग	–	प	म	–	–	–	रे	सा	नि़	–
ऽ	ऽ	ऽ	प्र	भु	शां	ऽ	ति	दे	ऽ	ऽ	ऽ	नां	ऽ	ऽ	ऽ
–	–	–	नि़	नि़	–	ग	रे	सा	–	–	–	सा	–	–	–
ऽ	ऽ	ऽ	इ	स	ऽ	आ	त	मा	ऽ	ऽ	ऽ	को	ऽ	ऽ	ऽ
–	–	–	प	–	प	–	प	पनि	ध	–	–	प	म	रे	–
ऽ	ऽ	ऽ	तुम	ऽ	को	ऽ	ह	माऽ	ऽ	ऽ	ऽ	री	ऽ	ऽ	ऽ
–	–	–	रे	म	ध	–	प	ग	–	–	–	रे	–	सा	–
ऽ	ऽ	ऽ	य	ह	वं	ऽ	द	ना	ऽ	ऽ	ऽ	है	ऽ	ऽ	ऽ
–	–	–	सा	रे	ग	–	प	म	–	–	–	रे	सा	नि़	–
ऽ	ऽ	ऽ	दे	ऽ	ना	ऽ	प्र	भो	ऽ	ऽ	ऽ	शां	ऽ	ऽ	ऽ
–	–	नि़	नि़	–	ग	–	रे	सा	–	–	–	सा	–	–	–
ऽ	ऽ	ति	इस	ऽ	आ	ऽ	त	मा	ऽ	ऽ	ऽ	को	ऽ	ऽ	ऽ

अंतरा

X				0				X				0			
–	–	–	प	ध	नि	–	रें	सां	–	–	–	नि	ध	–	–
ऽ	ऽ	ऽ	मि	ले	आ	ऽ	त	मा	ऽ	ऽ	ऽ	ये	ऽ	ऽ	ऽ
–	–	–	सां	नि	ध	नि	ध	प	–	–	–	प	–	–	–
ऽ	ऽ	ऽ	प	र	मा	ऽ	त	मा	ऽ	ऽ	ऽ	से	ऽ	ऽ	ऽ
–	–	–	प	ध	नि	–	रें	सां	–	–	–	नि	ध	–	–
ऽ	ऽ	ऽ	मि	ले	आ	ऽ	त	मा	ऽ	ऽ	ऽ	ये	ऽ	ऽ	ऽ
–	–	–	सां	नि	ध	नि	ध	प	–	–	म	ग	रे	सा	–
ऽ	ऽ	ऽ	प	र	मा	ऽ	त	मा	ऽ	ऽ	ऽ	से	ऽ	ऽ	ऽ
–	–	–	सा	रे	ग	–	प	म	–	म	–	रे	सा	नि	–
ऽ	ऽ	ऽ	ले	ऽ	ना	ऽ	च	र	ऽ	ण	ऽ	में	ऽ	ऽ	ऽ
–	–	नि	–	–	ग	–	रे	सा	–	–	–	सा	–	–	–
ऽ	ऽ	य	ऽ	ऽ	प्रार	ऽ	थ	ना	ऽ	ऽ	ऽ	है	ऽ	ऽ	ऽ
–	–	–	सा	रे	ग	–	प	म	–	–	–	रे	सा	नि	–
ऽ	ऽ	ऽ	दे	ऽ	ना	ऽ	प्र	भो	ऽ	ऽ	ऽ	शां	ऽ	ऽ	ऽ
–	–	नि़	नि़	–	ग	–	रे	सा	–	–	–	सा	–	–	–
ऽ	ऽ	ति	इस	ऽ	आ	ऽ	त	मा	ऽ	ऽ	ऽ	को	ऽ	ऽ	ऽ

महावीर महाराणा प्रताप सिंह का स्वर्गारोहण

(हे वीर प्रताप!)

दोहा प्रति दिन शुभ स्मरणीय है, मंगल तुमरा नाम ।
बहु आयामी श्रेष्ठ हैं, परम तिहारे काम ।।

जब तक हैं आकाश में, चंद्र सूर्य अभिराम ।
तब तक जग इतिहास में, अमिट तिहारा नाम ।।

जब तक गंगा सरित में, लहरों का संगीत ।
तब तक नर नारी सभी, गाएँ तुमरे गीत ।।

जब तक सागर पाँच में, रहे निरंतर नीर ।
तब तक भूलें ना तुम्हें, इस दुनिया के वीर ।।

जब तक हो संसार में, वीरों का सम्मान ।
तब तक हम लिखते रहें, देशभक्ति के गान ।।

जब तक फूलों में रहे, सुंदर सौरभ रंग ।
तब तक शिव वरदान है, सदा तिहारे संग ।।

जब तक त्रिभुवन में रहे, शाश्वत माँ का प्यार ।
तब तक भारत माँ करे, तुमको स्नेह दुलार ।।

जब तक सबसे श्रेष्ठ है, स्वतंत्रता पैगाम ।
तब तक भारत के ऋणी, नगर-नगर सब ग्राम ।।

जब तक पंछी स्वैर ये, मारें गगन उड़ान ।
तब तक तुमरी कीर्ति का, ध्वज छूए आसमान ।।

जब तक गीता से मिले, धर्म-कर्म का ज्ञान ।
तब तक तेरा चरित ही, स्वतंत्रता अभियान ।।

जब तक धरती पर रहे, गायत्री का जाप ।

महावीर महाराणा प्रताप सिंह का स्वर्गारोहण

तब तक हो इस विश्व में, अमर सुनाम "प्रताप" ।।

(अगर)

दोहा भारत में होता अगर, सदा तिहारा राज ।

"विश्वगुरु" इस देश को, जाना जाता आज ।।

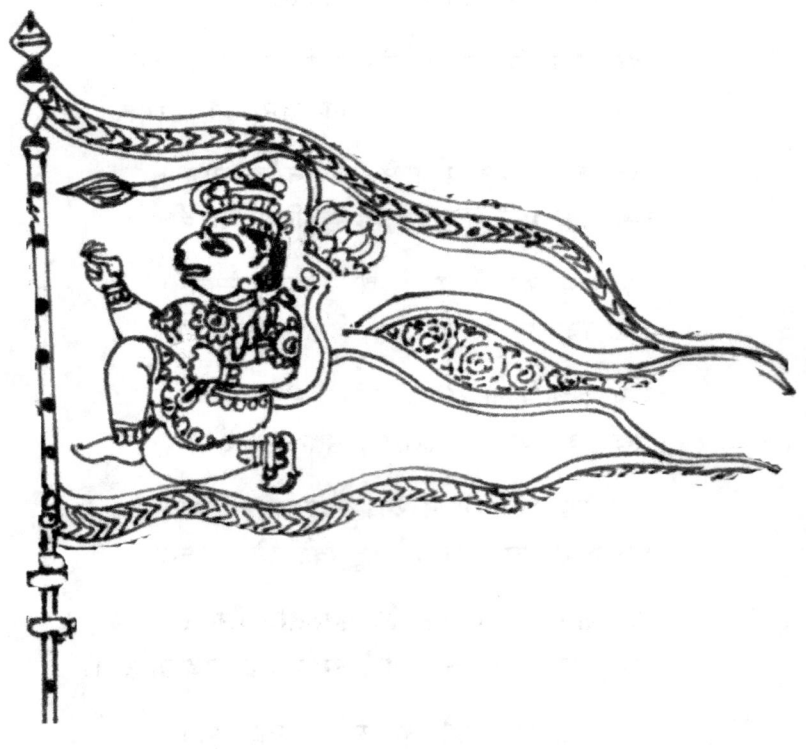

परिशिष्ट

APPENDIX

परिशिष्ट

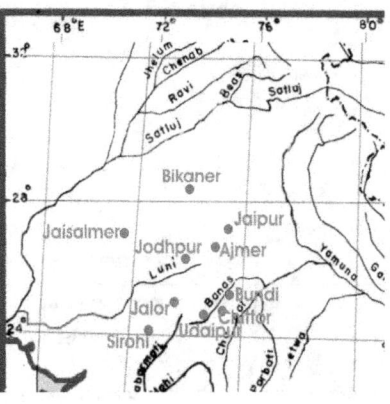

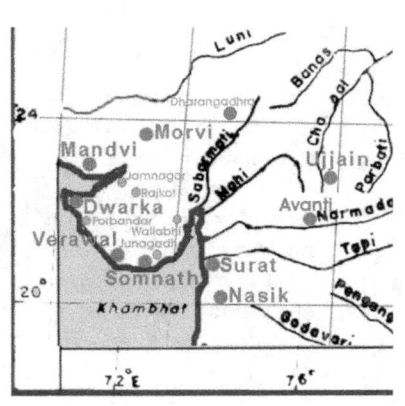

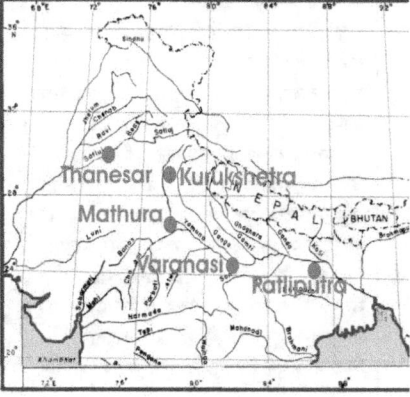

परिशिष्ट

APPENDIX 1

#160. विवस्वान राजवंश (सनातन काल)

1. ब्रह्मा
2. मरीचि प्रजापति
3. कश्यप प्रजापति
4. विवस्वान
5. वैवस्वत मनु
6. इक्ष्वाकु

आगे देखिए : **इक्ष्वाकु राजवंश (सनातन काल) #6**

दोहा छंद – विवस्वान राजघराना

भृगु, शेष, संस्त्रय, नेमी, मनु, दो सनत्कुमार ।
दक्ष, क्रतु, विकृत, धर्मा, सृष्ट किए संसार ।। 1
आदि काल में ब्रह्म ने, किए प्रजापति सृष्ट ।
इक्किस परम प्रजा पिता, यथा अधः निर्दिष्ट ।। 2
कश्यप, कर्दम, यम, स्थाणु, अत्रि, अंगिरस, हेति ।
वसिष्ठ, मरीचि, प्रचेता, नारद, पुलह, प्रहेति ।। 3
भृगु, शेष, संस्त्रय, नेमी, मनु, दो सनत्कुमार ।
दक्ष, क्रतु, विकृत, धर्मा, सृष्ट किए संसार ।। 4
सुपुत्र कश्यप अदिति के, बारह थे आदित्य ।
आदित्य विवस्वान था, रूप सूर्य का सत्य ।। 5
संस्थापक था योग का, यज्ञ प्रवर्तक ज्ञात ।
वैवस्वत, उस का लला, सूर्य वंश का तात ।। 6
मनु वैवस्वत धर्म्य था, राजनीति विद्वान ।
इक्षवाकु उसका लला, अवध महीप महान ।। 7
त्रेता युग के पूर्व था, मैंने दीन्हा योग ।
उसको वैवस्वान ने, सीखा योग्य प्रयोग ।। 8
योगेश्वर! तुमरे करूँ, सुमिरण बारंबार ।
विवस्वान को था दिया, योग अमर हितकार ।। 9

विवस्वान राजघराना

ब्रह्मा का मानस पुत्र प्रजापति मरीचि सप्तर्षियों में एक था. मरीचि का पुत्र कश्यप सब जीव-जंतुओं का आदि पुरुष माना जाता है.

प्रजापति कश्यप और उसकी पत्नी अदिति का पुत्र विवस्वान था, जिसको भगवान श्रीकृष्ण ने योग प्रथम बतलाया था (गीता 4.1). पुराणों में विवस्वान को सूर्य संज्ञा प्राप्त है. प्रजापति कश्यप और अदिति के बारह आदित्य (सूर्य) पुत्रों में एक विवस्वान था. विवस्वान की राजधानी कोसल (अयोध्या) थी. विवस्वान और उसकी पत्नी संज्ञा का पुत्र वैवस्वत चौदह मनुओं में एक मनु था. वैवस्वत मनु से सूर्यवंश का आरंभ माना जाता है.

विवस्वान का दूसरा पुत्र विकुक्षी था जिससे मिथिला का जनक राजवंश आरंभ हुआ था. वैवस्वत मनु का भाई यमराज था. वैवस्वत मनु को सातवाँ मनु माना जाता है. चौदह मनु की सूची के लिए देखिए स्वायंभुव राजवंश. वैवस्वत मनु के समय में ऐतिहासिक महा जलप्रलय हुआ था. वैवस्वत मनु का बड़ा पुत्र इक्ष्वाकु था. राजा इक्ष्वाकु की राजधानी अयोध्या थी. देखिए इक्ष्वाकु राजवंश.

परिशिष्ट

APPENDIX 2

#6. इक्ष्वाकु राजवंश (सनातन काल)

पूर्व देखिए : **विवस्वान राजवंश (सनातन काल) #160**

1. वैवस्वत मनु ...
2. इक्ष्वाकु
3. शशाद
4. ककुत्स्थ
5. अनेन
6. पृथुलाश्व
7. प्रश्नजीत
8. युवनाश्व
9. मांधाता
10. पुरुकुत्स
11. त्रसदस्यु
12. अनारण्य
13. हर्यश्व
14. वसुमन
15. सुतन्व
16. त्रय्यरुण्य
17. सत्यव्रत
18. हरिश्चंद्र
19. रोहित
20. चंचु
21. सुदेव
22. भरुक
23. बाहुक
24. सगर
25. असमंजस
26. अंशुमान
27. भगीरथ

इक्ष्वाकु राजघराना

वैवस्वत के सुत इक्ष्वाकु के पुत्र विकुक्षि से श्रीराम का रघुवंश हुआ था और इक्ष्वाकु के दूसरे पुत्र निमि से राजा जनक का विदेह राजवंश हुआ था. राजा ककुत्स वीरता और नीति के लिए अग्रगण्य था अत: श्रीराम को काकुत्स्थ संज्ञा प्राप्त थी (रामरक्षा 22). राजा मांधाता सदाचार के शासन के लिए सुविख्यात था और राज्य समृद्धि के लिए चारों ओर बहुत प्रख्यात था. वह दानवीर और वाक्पटु था. वह बृहस्पति से आलाप करता था (महा. अनु. 4.76).

राजा सत्यव्रत का ही नाम त्रिशंकु था, जिनका महान पुत्र सत्यवचनी राजा हरिश्चंद्र था. राजा त्रिशंकु को इंद्र भगवान अपने विमान में यात्रा कराता था. राजा हरिश्चंद्र सत्य और सच्चाई की साक्षात् प्रतिभा माना जाता था, जिस पर ब्रह्मा-विष्णु-महेश की कृपा थी. सत्य की जब भी चर्चा होती है राजा हरिश्चंद्र का नाम अवश्य ही आता है और आता ही रहेगा. राजा हरिश्चंद्र और तारामती को वरुण देव की कृपा से जो पुत्र प्राप्त हुआ उसका नाम रोहिताश्व अथवा रोहित था, उनके कुलगुरु वसिष्ठ मुनि थे.

अयोध्या के महान राजा बाहुक और उनकी पत्नी यादवी का पुत्र महाराजा सगर एक दैवी व्यक्ति था. बाहुक अपने दरबार में यमराज की पूजा करता था (महा. सभा. 8.19). उसने अपने पुत्र असमंजस को दुराचारी होने के पाप से राज्य से निष्कासित कर दिया था (महा. वन. 107.89). सगर महाराजा सात्त्विक और शाकाहारी था (महा. अनु. 115.89). राजा सगर के नाम मात्र से ही पुण्य प्राप्ति होती है (महा. अनु. 165.49).

आगे देखिए : **1. रघुवंश #142, 2. निमी राजवंश #93**

परिशिष्ट

APPENDIX 3

र-अक्षरारंभ के राजप्रवाह

#142. रघुवंश (सनातन काल)

पूर्व देखिए : **इक्ष्वाकु राजघराना (सनातन काल) #6**

1. भगीरथ ...
2. श्रुतनाथ
3. नाभ
4. अंबरीष
5. सिंधुद्वीप
6. आयुताश्व
7. ऋतुपर्ण
8. आर्तपर्णी
9. सुदास
10. मित्रसखा
11. अश्मक
12. मूलक
13. शतरथ
14. एलावेल
15. विश्वसह
16. **दिलीप**
17. दीर्घबाहु
18. रघु
19. अज
20. दशरथ
21. श्रीराम
23. लव, कुश

आगे देखिए :
कुश राजवंश
(सनातन काल)

रघुवंश

राजा अंशुमान के पुत्र राजा भगीरथ के गुरु महर्षि त्रितुल थे. राजा भगीरथ को शिवजी के वरदान प्राप्त थे (महा. वन. 180.1). राजा दिलीप का शासन आदर्श और लोकप्रिय था. दैत्य वीरसेन का पराभव और वध राजा दिलीप के राजकाल की बहुत बड़ी घटना थी. राजा दिलीप भारत के महान सोलह राजओं में एक थे. राजा दिलीप की पत्नी सुदक्षिणा मगधराज की कन्या थी. राजा दिलीप को वसिष्ठ मुनि ने सभी तीर्थक्षेत्रों का महत्त्व समझाया था (पद्म पराण 10). राजा दिलीप का महापराक्रमी पुत्र सम्राट रघु था, जिसका कुल क्षत्रिय जगत में सर्व श्रेष्ठ माना जाता है और सत्य, मर्यादा पालन, वचन पालन, चारित्र्य, तप, त्याग, शौर्य, आदि का प्रतीक माना जाता है. सूर्यवंशी रघुकुल के सर्वश्रेष्ठ राजाओं में राजा दशरथ और उनके सुपुत्र श्रीराम के नाम अग्रगण्य हैं.

कुश राजवंश

वंशावली : कुश, अतिथि, निषध, नल, नभ, पुंडरीक, क्षेमधन्वा, देवानीक, अहीनग, पारियात्र, शिल, उन्नाभ, वज्रनाभ, शंखण, ध्युषिताश्च, विश्वसह, हिरण्यनाभ, कौशल्य, ब्रह्मिष्ठ, पुत्र, पुष्य, ध्रुवसन्धि, सुदर्शन, अग्निवर्ण, शीघ्र, मरु, प्रसुश्रुत, सुसंधि, मर्ष, सहस्वान्, विश्रुतवान्, बृहद्दल (महाभारत कालीन), बृहत्क्षय, ज्ञेय, वत्सव्यूह, दिवाकर, सहदेव, बृहदश्व, भानुरथ, प्रतीकाश्व, सुप्रतीक, मरुदेव, सुनक्षत्र, किन्नर, सुपर्ण, अन्अित्रि जत्, बृहद्राज, धर्मी, कृतंजय, रणंजय, संजय, शुद्धोधन, शाक्य, राहुल, प्रसेनजीत, क्षुद्रक, रणक, सुरथ, सुमित्र. राजा सुमित्र के बाद पाटलिपुत्र के नंद वंश के राजा महापद्म राजवंश ने (344-322 ई.पू.) ने आयोध्या की गादी जीत ली थी.

आगे देखिए : नंद राजवंश, पाटलिपुत्र (344-322 ई.पू.)

परिशिष्ट

APPENDIX 4

#141. युधिष्ठिर राजवंश (सनातन काल)

पूर्व देखिए : **पांडव राजवंश (सनातन काल) #107**

1. युधिष्ठिर, 2. परीक्षित, 3. जन्मेजय, 4. अश्वमेध, 5. राम, 6. छात्रसाल, 7. चित्ररथ, 8. दुष्टशैल्य, 9. उग्रसेन, 10. शूरसेन-1, 11. भूवनपति, 12. रणजीत, 13. ऋक्षक, 14. सुखदेव, 15. नरहरि, 16. शुचिरथ, 17. शूरसेन-2, 18. पर्वतसेन, 19. मेधावी, 20. शोनचीर, 21. भीम-1, 22. नृहरि, 23. पूर्ण, 24. करदवी, 25. अलमिक, 26. उदयपाल, 27. संघराज, 28. दुवन, 29. दमात, 30. क्षेमक, 31. विश्रवा, 32. पुरसैनी, 33. वीरश्रेणी, 34. अंडगशायी, 35. हरिजित, 36. परमश्रेणी, 37. सुखपाताल, 38. कद्रु, 39. सज्ज, 40. अमरचूड, 41. अवनिपाल, 42. दशरथ, 43. वीरसाल-1, 44. वीरसाल-2, 45. महावीर, 46. अजीतसिंह, 47. सर्वदत्त, 48. भूवनपति, 49. वीरसेन-1, 50. महीपाल-1, 51. शत्रुशाल, 52. संघराज, 53. तेज:पाल, 54. मणिकचंद्र, 55. कामश्रेणी, 56. शत्रुमर्दन, 57. जीवलोक, 58. हरिराव, 59. वीरसेन-2, 60. आदित्यकेतु 61. धंधर, 62. महर्षि, 63. सनरची, 64. महायुद्ध, 65. दूरनाथ, 66. जीवनराज, 67. रुद्रसेन, 68. आरोंलोक, 69. राजपाल, 70. महानपाल, 71. विक्रमादित्य, 72. समुद्रपाल, 73. चंद्रपाल, 74. सहायपाल, 75. देवपाल, 76. नरसिंहपाल, 77. रामपाल, 78. अमृतपाल, 79. बलीपाल, 80. महीपाल-2, 81. हरिपाल, 82. शीषपाल, 83. मदनपाल, 84. कर्मपाल, 85. विक्रमपाल, 86. मुलखचंद्र, 87. विक्रमचंद्र, 88. अमीचंद्र, 89. रामचंद्र, 90. हरिचंद्र, 91. कल्याणचंद्र, 92. भीमचंद्र, 93. लोवचंद्र, 94. गोविंदचंद्र, 95. पद्मावती, 96. हरिप्रेम, 97. गोविंद्प्रेम, 98. गोपालप्रेम, 99. महाबाहु, 100. अधीसेन, 101. बिलावलसेन 102. केशवसेन, 103. माद्यसेन, 104. मयूरसेन, 105. कल्याणसेन, 106. हरिसेन, 107. क्षेमसेन, 108. नारायणसेन, 109. लक्ष्मीसेन, 110. दामोदरसेन, 111. दो सिंह, 112. राजसिंह, 113. नरसिंह, 114. हरीसिंह, 115. जीवनसिंह, 116. अनंगपाल, 117. पृथ्वीराज चौहान.

आगे देखिए : **चौहान राजवंश, साकंभरी-अजमेर (684-1192)**

युधिठिर राजघराना

महाभारतीय महायुद्ध के पश्चात् राजा युधिष्ठिर निवृत्त होकर वनवास के लिए हिमालय पर जाने लगे तब उन्हों ने राज्य अभिमन्यु पुत्र परीक्षित को सौंप दिया. राजा परीक्षित अभिमन्यु और उत्तरा का पुत्र था. अर्जुन और सुभद्रा का पुत्र वीर अभिमन्यु चक्रव्यूह में फँस कर दु:शासन के हाथों मारा गया था. राजा परीक्षित ने हस्तिनापुर पर लगभग 60 वर्ष सदाचार से राज्य किया (महा. आदि. 49). परीक्षित के बाद उनका पुत्र जन्मेजय राजा बन गया. जन्मेजय की माता का नाम मद्रवती था. जन्मेजय की पत्नी का नाम वपुष्टमा था, जो काशीराज सुवर्णवर्मा की कन्या थी.

परिशिष्ट

APPENDIX 5

#188. हिंदू शाही राजवंश, काबुल-गांधार (867-1026)

पूर्व देखिए : गांधार राजवंश (सनातन काल) #29

1.	कह्लार	867-870	
2.	सामंत	870-895	
3.	कमलवर्मा	895-921	कह्लार का पुत्र
4.	भीम जेतृपाल	921-960	कमलवर्मा का पुत्र
5.	जयपाल	960-1002	भीम का पुत्र
6.	आनंदपाल	1002-1021	जयपाल का पुत्र
7.	त्रिलोचनपाल	1021-1026	आनंदपाल का पुत्र

दोहा छंद - हिंदू शाही राजघराना

हिंदू शाही राज वो, नृप थे जिसके सात ।
काबुल पर हकदार था, साल एक-सौ-साठ ।। 1

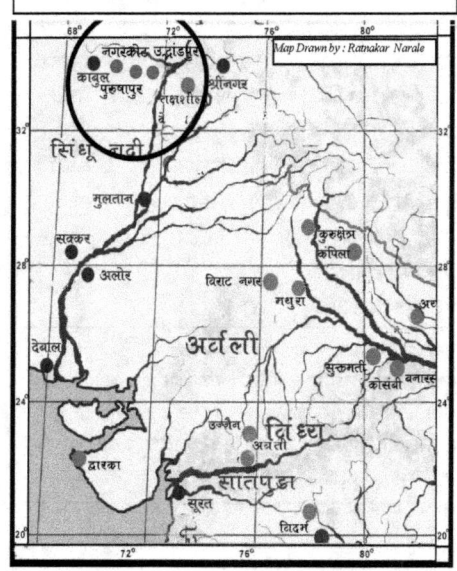

Map Drawn by : Ratnakar Narale

हिंदू शाही राजघराना

काबुल-गांधार के बुद्ध राजा लागतुर्मा से सत्ता छीन कर उसके मंत्री स्पलपति कह्लार ने कन्नौज के प्रतिहार राजा मिहिर भोज (843-893) की सहायता से काबुल-गांधार पर हिंदू शाही राजवंश स्थापन कर दिया. कह्लार के राज्यसत्ता केन्द्र काबुल, उद्भांडपुर और नगरकोट थे. कह्लार राजा के राजनैतिक संबंध काश्मीर के कार्कोट वंश (631-855) और उसके बाद उत्पल (855-949) वंश से घनिष्ट थे.

कह्लार की मृत्यु के पश्चात् सामंत (870-895) और फिर कह्लार का पुत्र कमलवर्मा (895-921) राजा बना. कमलवर्मा की मृत्य के बाद उसका पुत्र जेतृपाल भीम (921-960) सत्ता में आया. राजा भीम ने नगरकोट को भीमनगर नाम दिया था. उसने अपनी कन्या काश्मीर के उत्पल राजकुमार सिंहराज को विवाह में दे कर काश्मिर से काबुल के राजनैतिक संबंध दृढ़ किए थे. राजा आनंदपाल की मृत्य के पश्चात् उसके पुत्र त्रिलोचनपाल ने भी अपनी कन्या बिंबा काश्मीर के लोहर राजवंश (1003-1172) के संग्रामराजा (1003-1028) के प्रधान मंत्री के पुत्र कंदर्पसिंह को विवाह में दी थी.

परिशिष्ट

APPENDIX 6

#180. सिसोदिया महाराणा राजवंश- चित्तौड़, मेवाड़ (1303-1948)

पूर्व देखिए : **गुहिल राजवंश, चितौड़, मेवाड (550-1303) #34**

	रत्नसिंह (गुहिल)	1301-1303	
1.	लक्ष्मणसिंह	1303-1314	
2.	अरिसिंह-1	1314-1326	
3.	**हम्मीर-1**	1326-1364	लक्ष्मणसिंह का पोता
4.	क्षेत्रसिंह	1364-1382	हम्मीर-1 का पुत्र
5.	लाखासिंह	1382-1421	क्षेत्रसिंह का पुत्र
6.	**मोकल**	1421-1433	लाखासिंह का पुत्र
7.	**कुंभ**	1433-1468	महाराणा मोकल का पुत्र
8.	रायमल	1468-1473	महाराणा कुंभ का भाई
9.	**संग्रामसिंह-1 (संग)**	1473-1527	रायमल का पुत्र
10.	रतनसिंह	1527-1531	संग्रामसिंह-1 का पुत्र
11.	बिक्रमजीतसिंह	1531-1536	रतनसिंह का भाई
12.	उदयसिंह	1537-1572	बिक्रमजीतसिंह का भाई
13.	**प्रतापसिंह** -1	1572-1597	उदयसिंह का पुत्र
14.	अमरसिंह-1	1597-1620	प्रतापसिंह-1 का पुत्र
15.	कर्णसिंह	1620-1628	अमरसिंह-1 का पुत्र
16.	जगतसिंह-1	1628-1652	कर्णसिंह का पुत्र
17.	राजसिंह-1	1652-1680	जगतसिंह-1 का पुत्र
18.	जयसिंह	1680-1699	राजसिंह-1 का पुत्र
19.	अमरसिंह-2	1699-1716	जयसिंह का पुत्र
20.	संग्रामसिंह-2	1716-1734	अमरसिंह-2 का पुत्र
21.	जगतसिंह-2	1734-1752	संग्रामसिंह-2 का पुत्र
22.	प्रतापसिंह-2	1752-1755	जगतसिंह-2 का पुत्र
23.	राजसिंह-2	1755-1762	प्रतापसिंह-2 का पुत्र
24.	अरिसिंह-2	1762-1773	प्रतापसिंह-2 का भाई
25.	हम्मीर-2	1773-1778	अरिसिंह-2 का पुत्र
26.	भीमसिंह	1778-1828	हम्मीर-2 का भाई
27.	जवानसिंह	1828-1838	भीमसिंह का पुत्र
28.	सरदारसिंह	1838-1842	जवानसिंह का पुत्र

सिसोदिया महाराणा राजघराना, चित्तौड़

सन 1303 की चित्तौड़ के गुहिलोत राजपूतों की कत्लेआम और रानी पद्मिनी के साथ 16000 राजपूत वीरांगनाओं के जौहर के बाद सन 1326 में महाराणा लक्ष्मणसिंह का पोता राणा हम्मीर सिंह (1326-1364) सिसोदिया साम्राज्य का संस्थापक माना जाता है.

महाराणा हम्मीर को उस समय के सबसे प्रबल राजपूत राणा माना जाता है.

राणा मोकल (1421-1433) ने परमार राजवंश की राजकुमारी सौभाग्य देवी से विवाह करके दो राजघरानों में संबंध बनाए थे.

राणा मोकल का पुत्र महाराणा कुंभ अथवा कुंभकर्ण सन 1433 में महाराणा बनाया गया. कुभकर्ण का जन्म 1423 में हुआ था. और उस को केवल दस वर्ष की आयु में पिता की मृत्यु के बाद शीर्ष पर महाराणा का मुकुट चढ़ाया गया था (1433-1465).

महाराणा कुंभ एक अच्छा शासक तथा राजनीतिज्ञ भी था. महाराणा कुंभ ने मालवा विजय के उपलक्ष्य में चित्तौड़ का कीर्ति स्तभं निर्माण किया था. उसके बाद महाराणा संग्रामसिंह (1473-1527) और महाराणा प्रताप सिंह (1572-1597) भारतीय इतिहास के दो दिव्य सितारे हैं.

परिशिष्ट

APPENDIX 6, page 2

29. स्वरूपसिंह	1842–1861	सरदारसिंह का भाई
30. शंभूसिंह	1861–1874	स्वरूपसिंह का भतीजा
31. सज्जनसिंह	1874–1884	शंभूसिंह का भतीजा
32. फतहसिंह	1884–1930	शंभूसिंह का रिश्तेदार
33. भूपालसिंह	1930–1948	फतहसिंह का पुत्र

दोहा छंद – सिसोदिया राजघराना

सिंध प्रांत जब आगया, उन अरबों के हाथ ।
नये आक्रमण होगये, शुरू जोश के साथ ।। 1
हमले राजस्थान पर, किये अनेकों बार ।
मगर हमेशा ही उन्हें, मिली युद्ध में हार ।। 2
बप्पा रावल ने उन्हें, पीटा बारंबार ।
अरबों ने फिर हार कर, छोड़ दिया अविचार ।। 3
राजपूत गुहिलोत यह, महा धुरंधर वीर ।
बप्पा रावल नाम का, महान नृप गंभीर ।। 4
रक्षण कीन्हा धैर्य से, उसने अपना देश ।
राजा वह मेवाड़ का, राजस्थान नरेश ।। 5
चितौड़ उसका नगर था, सुख वैभव संपन्न ।
अमन चैन सब राज्य में, सदा हुए निष्पन्न ।। 6

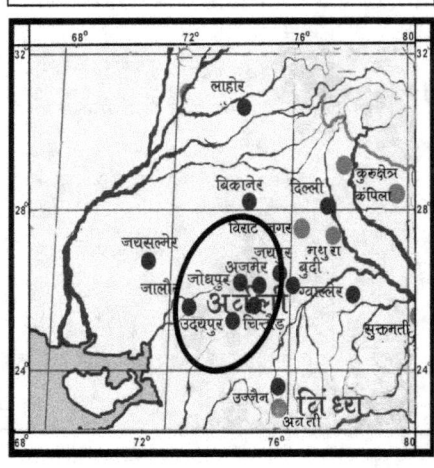

VICTORY TOWER,
CHITTORGARH
1 Re
INDIA

परिशिष्ट

APPENDIX 6C

#49. चौहान राजवंश- साकंभरी-अजयमेरू, राजस्थान (684-1194)

1.	वासुदेव	सातवीं सदी के आरंभ में	
2.	गुवक-1	...	
3.	सामंतराज	684-709	
4.	पूर्णतल्ल	709-721	सामंरातज का पुत्र
5.	जयराज	721-734	पूर्णतल्ल का पुत्र
6.	विग्रहराज-1	734-759	जयराज का पुत्र
7.	चंद्रराज-1	759-771	विग्रहराज का पुत्र
8.	गोपेंद्रराज	771-784	चंद्रराज का भाई
9.	दुर्लभराज-1	784-809	गोपेंद्रराज का पुत्र
10.	गुवक-2	809-836	दुर्लभराज का पुत्र
11.	चंद्रराज-2	636-863	गुवक का भाई
12.	गुवक-3	863-890	चंद्रराज-2 का पुत्र
13.	चंद्रराज-3	890-917	गुवक-3 का पुत्र
14.	वाक्पतिराज-1	917-944	चंद्रराज-3 का पुत्र
15.	सिंहराज	944-971	वाक्पतिराज-1 का पुत्र
16.	विग्रहराज-2	971-998	सिंहराज का पुत्र
17.	दुर्लभराज-2	998-1012	विग्रहराज-2 का भाई
18.	गोविंदराज	1012-1026	दुर्लभराज का पुत्र
19.	वाक्पतिराज-2	1026-1040	गोविंदराज का पुत्र
20.	वीर्यराम	1040-1040	वाक्पतिराज-2 का भाई
21.	चामुंडराज	1040-1065	वीर्यराम का भाई
22.	दुर्लभराज-3	1065-1070	वीर्यराम का पुत्र
23.	वीरसिंह	1070-1070	दुर्लभराज-3 का भाई
24.	विग्रहराज-3	1070-1090	वीरसिंह का भाई
25.	पृथ्वीराज-1	1090-1110	विग्रहराज-3 का पुत्र
26.	अजयदेव	1110-1130	पृथ्वीराज-1 का पुत्र
27.	अर्णोराज	1130-1153	अजयदेव का पुत्र

अजमेर चौहान राजघराना

पुरानी कथाओं व चाँद बरदाई के पृथ्वीराज रासो काव्य के अनुसार महान चौहान वंश आबू गिरि पर ऋषियों ने किए हुए यज्ञकुंड से निर्माण हुआ है. आगे चल कर इस वंश की 24 राजपूत शाखाएँ बन गई.

राजकीय और ऐतिहासिक दृष्टि से चौहान राजवंश की तीन मुख्य शाखाएँ मानी जाती हैं : (1) प्रथम शाखा साकंभरी-अजमेर की (684-1194), (2) द्वितीय शाखा रणथंभोर की (1194-1301), और (3) तृतीय शाखा नाडोल की (950-1200).

राजा वासुदेव ने राजस्थान में सन 551 में साकंभरी वाले चौहान वंश की स्थापना सांबर सरोवर के पास नागौर में की. उसके बाद अजयदेव चौहान ने (1110-1130) अरवली पहाड़ी में अजमेर शहर बसाया और उसे अपनी राजधानी बनाया (1130). इस वंश का सबसे महान महाराणा था राय पिथरा पृथ्वीराज चौहान-3 (ज. 1163-मृ. 1192) जिसकी अमर व रोमांचकारी गाथा पृथ्वीराज के परम मित्र चाँद बरदाई ने अपने पृथ्वीराज रासो नामक महाकाव्य में लिखी है.

परिशिष्ट

APPENDIX 6D

28.	विग्रहराज-4	1153-1166	अर्णोराज का पुत्र
29.	पृथ्वीराज-2	1166-1169	विग्रहराज-4 का भतीजा
30.	सोमेश्वर	1169-1177	अर्णोराज का पुत्र
31.	**पृथ्वीराज**-3	1177-1192	सोमेश्वर का पुत्र
32.	गोविंदराज-2	1192-1193	पृथ्वीराज-3 का पुत्र
33.	हरिराज	1193-1194	गोविंदराज-2 का भाई

रणथंभोर चौहान राजघराना, आगे

अजमेर के चौहानों ने गहड़वाली तोमरों से दिल्ली जीत ली और पृथ्वीराज-3 चौहान के पुत्र गोविंदराज-2 ने अजमेर छोड़ कर रणथंभोर में चौहान वंश स्थापन

#50. चौहान राजवंश- नाडोल, राजस्थान (950-1200)

1.	लक्ष्मणराज	950-962	वाक्पतिराज का पुत्र
2.	शोभित	962-986	लक्ष्मणराज का पुत्र
3.	बलिराज	986-990	शेभित का पुत्र
4.	विग्रहपाल	990-994	लक्ष्मणराज का पुत्र
5.	महेंद्रपाल	994-1015	विग्रहपाल का पुत्र
6.	अश्वपाल	1015-1019	महेंद्रपाल का पुत्र
7.	अहिल	1019-1024	अश्वपाल का पुत्र
8.	अहनिपाल	1024-1055	अहिल का पुत्र
9.	बालप्रसाद	1055-1070	महेंद्रपाल का पुत्र
10.	जयेंद्रराज	1070-1080	बालप्रसाद का भाई
11.	पृथ्वीपाल	1080-1091	जयेंद्रराज का पुत्र
12.	योजलदेव	1091-1110	पृथ्वीपाल का भाई
13.	अश्वराज	110-1119	पृथ्वीपाल का पुत्र
14.	रत्नपाल	1119-1132	अश्वपाल का पुत्र
15.	राज्यपाल	1132-1145	रत्नपाल का पुत्र
16.	कटुकराज	1145-1153	अश्वराज का पुत्र
17.	आल्हणदेव	1153-1161	कटुकराज का भाई
18.	केल्हणदेव	1161-1165	आल्हणदेव का पुत्र
19.	कीर्तिपाल	1165-1193	केल्हणदेव का भाई
20.	जैतसिंह	1193-1197	कीर्तिपाल का पुत्र
21.	सामंतसिंह	1197-1200	जैतसिंह का पुत्र

नाडोल चौहान राजघराना

अजमेर के राणा वाक्पतिराज-1 (917-944) के पुत्र लक्ष्मणराज (950-962) ने नडोल में अपना राज्य स्थापन किया (950-1200).

नाडौल के चौहान राजवंश के इक्कीस महाराणा नरेश इतिहास में कथन किए गए हैं.

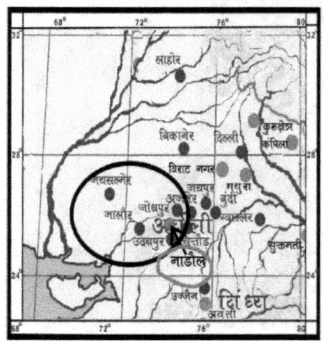

परिशिष्ट

APPENDIX 6E

#51. चौहान राजवंश- रणथंभौर, राजस्थान (1194-1301)

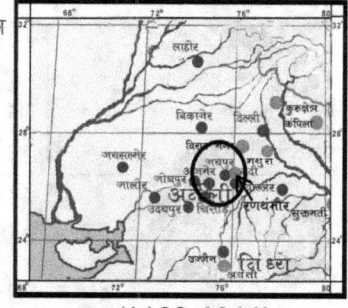

1.	गोविंदराज	1194 ...	**पृथ्वीराज-3** का पुत्र
2.	बल्हणदेव		गोविंदराज का पुत्र
3.	प्रल्हाद		बल्हणदेव का पुत्र
4.	वीर नारायण		प्रल्हाद का पुत्र
5.	वाग्भट		बल्हणदेव का पुत्र
6.	जैत्रसिंह	1248-1283	वाग्भट का पुत्र
7.	हम्मीरदेव	1283-1301	जैत्रसिंह का पुत्र

#52. चौहान राजवंश- जालौर, राजस्थान (1182-1311)

1.	कीर्तिपाल सिंह	1182	नाडोल के राजा आल्हणदेव का पुत्र
2.	समर सिंह	1182-1205	
3.	उदय सिंह	1205-1257	
4.	चाचन सिंह	1257-1282	
5.	सामंत सिंह	1282-1305	
6.	कान्हड़देव सिंह	1305-1311	

जालौर चौहान राजघराना

राजस्थान के स्वर्णगिरि पहाड़ी पर सोनगरा गाँव के चौहानों का राजधानी स्थल नाडोल था.

राणा आल्हणदेव (1153-1161) के पुत्र कीर्तिपाल सिंह चौहान (1165-1193) ने सन 1182 में जालौर में स्थापित किया और उस नगरी को राजधानी बयाया. जालौर का प्राचीन नाम जाबालीपुर था. इस वंश का अधिपत्य सौ साल से अधिक चलता रहा.

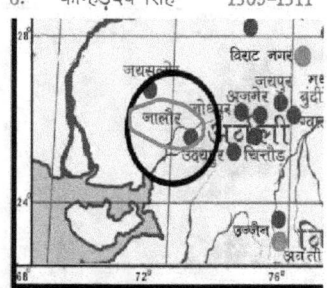

#53. चौहान राजवंश- सिरोही, राजस्थान (1311-1527)

1.	लुम्बा	1311 ...
2.	साहसमल	1425 ...
3.	अखैराज	1527 ...

सिरोही चौहान राजघराना

प्राचीन काल में सिरोही को आर्बुद देश कहा जाता था, तब सिरोही का नाम शिवपुरी था.

परिशिष्ट

APPENDIX 6F

#54. चौहान राजवंश- हाड़ौती, राजस्थान (1382-1631)

1. हाड़ा चौहान 1342 ...
2. सुरजनसिंह 1569 ...
3. माधोसिंह 1631 ...

हाड़ौती का चौहान राजघराना

राजस्थान के बूँदी, कोटा, झालवाड़ आदि क्षेत्र हाड़ौती में आते थे. हाड़ा चौहानों ने 1342 में मीण सरदारों को हरा कर अपने शासन का एक केन्द्र बनाया था.

बूँदी और कोटा के चौहान राजघराने

#55. बूँदी के चौहान : 1. देवासिंह, 2. समरसिंह (1343-1346), 3. नरपालसिंह (1346-1370), 4. राव हामा (1370-1403), 5. वीरसिंह (1403-1413), 6. राव बेशीलाल (1413-1459), 7. राव भांडा (1459-1503), 8. राव नारायण (1503-1527), 9. सूरजमल (1527-1531), 10. राव सूरताण (1531-1554), 11. सुर्जनसिंह (1554-1585), 12. राव भोज (1585-1607), 13. रतनसिंह (1607-1631), 14. राव शत्रुशाल (1631-1658), 15. भावसिंह (1658-1681), 16. राव अनिरुद्ध (1658-1695), 17. बुद्धसिंह (1695-1739), 18. उमेदसिंह (1739-1771), 19. विष्णुसिंह (1771-1821), 20. रामसिंह (1821-1889), 21. रघुवीरसिंह (1889-1927), 22. ईश्वरसिंह (1927-1945), 23. बहादुरसिंह (1945-1948).

#56. कोटा के चौहान : 1. मधोसिंह (1631-1649), 2. मुकुन्दसिंह (1649-1658), 3. जगतसिंह (1658-1683), 4. प्रेमसिंह (1683-1684), 5. किशोरसिंह-1 (1684-1696), 6. रामसिंह-1 (1696-1707), 7. भीमसिंह-1 (1707-1727), 8. अर्जुनसिंह (1727-1756), 9. अजीतसिंह (1756-1758), 10. शत्रुशाल-1 (1758-1764), 11. गुमानसिंह (1764-1771), 12. उमेदसिंह-1 (1771-1819), 13. किशोरसिंह-2 (1819-1827), 14. रामसिंह-2 (1827-1865), 15. शत्रुशाल-2 (1865-1888), 16. उमेदसिंह-2 (1888-1940), 17. भीमसिंह-2 (1940-1948).

66
हिंदू राजतरंगिणी

परिशिष्ट

APPENDIX 6G

#34. गुहिल राजवंश- चित्तौड़, मेवाड़ (550-1303)

पूर्व देखिए : रघु राजवंश (सनातन काल)

1.	गुहदत्त (गुहिल)	550 ...	
	...		
2.	बप्पा रावल, काल भोज	730–753	शील भोज का पुत्र
3.	सुमितसिंह	753–773	
4.	रजतसिंह	773–793	
5.	चेतनसिंह	793–813	
6.	रावलसिंह	813–828	
7.	खुम्मणसिंह-1	828–853	रावलसिंह का पुत्र
8.	महायक	853–878	खुम्मणसिंह-1 का पुत्र
9.	खुम्मणसिंह-2	878–903	महायक का पुत्र
10.	भर्तृभट्ट	903–951	खुम्मणसिंह-2 का पुत्र
11.	अल्लट	951–972	भर्तृभट्ट का पुत्र
12.	नरवाहन	972–973	अल्लट का पुत्र
13.	शालिवाहन	973–977	नरवाहन का पुत्र
14.	शक्तिकुमार	977–993	शालिवाहन का पुत्र
15.	अम्बाप्रसाद	993–1007	
16.	शुचिवर्मा	1007–1021	शक्तिकुमार का पुत्र
17.	नरवर्मा	1021–1035	
18.	कीर्तिवर्मा	1035–1051	
19.	योगीवर्मा	1051–1068	
20.	वैरट	1068–1088	
21.	वंशपाल	1088–1103	
22.	वैरीसिंह	1103–1108	
23.	विजयसिंह	1108–1127	
24.	अरिसिंह	1127–1138	
25.	चौड़सिंह	1138–1148	अरिसिंह का पुत्र
26.	विक्रमसिंह	1148–1158	चौड़सिंह का पुत्र
27.	रणसिंह	1158–1168	
28.	क्षेमसिंह	1168–1171	

गुहिल राजघराना, चित्तौड़

मेवाड़ का सबसे शक्तिशाली राजवंश था गुहिलवंश. मेवाड़ का यह राजवंश रविकुल के रघुवंश का ही वंशज माना जाता है. इसी राजवंश के गुहिलादित्य ने सन 550 में नागदा राजधानी बना कर गुहिल राजपूत राज्य स्थापन किया था. उनका महाप्रतापी वंशज वीर बप्पा रावल (730–753) गुहिल वंश का आदि महाराजा माना जाता है. बप्पा रावल एकलिंग शिवजी के भक्त थे. बप्पा रावल ने मेवाड़ राज्य में सार्वभौमता के प्रमाण के लिए अपने सोने के सिक्के चलाए थे.

बप्पा रावल की मृत्यु नागदा में हुई तब उनकी स्तुति में आम्र कवि ने एकलिंग प्रशस्ति लिखी थी. मेवाड़ के राजा भर्तृभट्ट (903–951) की पत्नी महालक्ष्मी राठौड़ राजवंश की राजकन्या थी. उसके पुत्र राजा अल्हट (951–972) ने गुहिल राज्य की राजधानी नागदा से आहड़ को स्थानांतरित की थी. उसके पुत्र राज नरवाहन (972–973) ने साकंभरी के राजवंश के जेजय चौहान की कन्या से विवाह करके साकंभरी चौहानों से राजनैतिक संबंध दृढ़ कर दिए थे.

परिशिष्ट

APPENDIX 6H

29. सामंतसिंह 1171-1179 क्षेमसिंह का पुत्र
30. कुमारसिंह 1179-1191 सामंतसिंह का भाई
31. मंथनसिंह 1191-1211
32. पद्मसिंह 1211-1213
33. जैत्रसिंह 1213-1256
34. तेजसिंह 1256-1273
35. समरसिंह 1273-1301
36. रत्नसिंह 1301-1303

आगे देखिए : **सिसोदिया राजवंश, चित्तौड़, मेवाड़ (1303-1948)**

दोहा छंद – गुहिल राजा, बप्पा रावल

**सिंध प्रांत जब आगया, उन अरबों के हाथ ।
नये आक्रमण होगये, शुरू जोश के साथ ।।
हमले राजस्थान पर, किये अनेकों बार ।
मगर हमेशा ही उन्हें, मिली युद्ध में हार ।।
बप्पा रावल ने उन्हें, पीटा बारंबार ।
अरबों ने फिर हार कर, छोड़ दिया अविचार ।।
राजपूत गुहिलौत वो, महा धुरंधर वीर ।
बप्पा रावल नाम का, महान नृप गंभीर ।।
रक्षण कीन्हा धैर्य से, उसने अपना देश ।
राजा वह मेवाड का, राजस्थान नरेश ।।
चितौड़ उसका नगर था, सुख वैभव संपन्न ।
अमन चैन सब राज्य में, सदा हुए निष्पन्न ।।**

गुहिल राजघराना, चित्तौड़, आगे

... मेवाड़ के राणा सामंतसिंह (1171-1179) ने साकंभरी-अजमेर के राणा पृथ्वीराज चौहान-2 (1166-1169) की भगिनी पृथ्वीबाई से विवाह किया था. और फिर, मेवाड़ के राणा जैत्रसिंह के पुत्र राजा तेजसिंह (1256-1273) ने नाडौल के चौहान राजवंश के वंशज उदयसिंह चौहान की पोत्री रूपादेवी से विवाह करके गुहिल-चौहान संबंध घनिष्ट किए थे. चितौड़ की महारानी पद्मिनी ने 16000 राजपूत महिलाओं के साथ जौहर में वीरगति प्राप्त की (सन 1303) यह भारत के इतिहास की प्रज्वलित घटना है.

(चितौड़ की महारानी पद्मावती)

स्थायी

**राजस्थान की पावन देवी, रानी पद्मावती ।
वो तो, नारी जगत महान थी ।
जिसे, सानी कोई न थी ।।**

अंतरा-1

**जग में सुंदर, नारी अनुपम,
नैतिक उसकी बुद्धि ।
धर्मचारिणी वह तो नारी,
सीता जैसी सती ।। जिसे ...**

अंतरा-2

**पतिव्रता वह, नीति निपुण थी,
राजस्थान की शान थी ।
लक्ष्मी का अवतार धरा पर,
मेवाड़ की जान थी ।। जिसे ...**

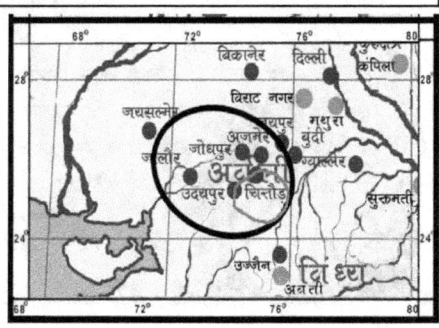

परिशिष्ट

APPENDIX 6i

क-अक्षरारंभ के राजप्रवाह

#12. कछवाहा राजवंश, अंबर-जयपुर, राजस्थान (1036-1948)

पूर्व देखिए : **संग्रामसिंह-1, सिसोदिया राजवंश, चितौड़ (1473-1527)**

1. सोढ़ासिंह	–	
2. दूल्हेराय	1036-1037	सोढ़ासिंह का पुत्र
3. कांकिल देव	1037-1038	दूल्हेराय का पुत्र
4. हून देव	1038-1053	कांकिल देव का पुत्र
5. जान्ह देव	1053-1070	हून देव का पुत्र
6. पूजन देव	1070-1084	जान्ह देव का पुत्र
7. मलसी देव	1084-1146	पूजन देव का पुत्र
8. जैतल देव	1146-1179	मलसी देव का पुत्र
9. राज देव	1179-1216	जैतल देव का पुत्र
10. किल्हण देव	1216-1276	राज देव का पुत्र
11. कुन्तल देव	1276-1317	किल्हण देव का पुत्र
12. जुणसी देव	1317-1366	कुन्तल देव का पुत्र
13. उदयकरण	1366-1388	जुणसी देव का पुत्र
14. नारोसिंह	1388-1413	उदयकरण का पुत्र
15. बनबीरसिंह	1413-1424	नारोसिंह का पुत्र
16. उधाराव	1424-1453	बनबीरसिंह का पुत्र
17. चंद्रसेन	1453-1502	उधाराव का पुत्र
18. पृवीराजसिंह-1	1502-1527	चन्द्रसेन का पुत्र
19. भीमसिंह	1527-1534	पृथ्वीराजसिंह-1 का भाई
20. रतनसिंह	1534-1537	भीमसिंह का भाई
21. भारमल	1537-1573	रतनसिंह का पुत्र
22. भगवानदास	1573-1589	भारमल का पुत्र
23. मानसिंह-1	1589-1614	भगवानदास का पुत्र
24. जगतसिंह-1	1614-1614	मानसिंह-1 का पुत्र
25. भाओसिंह	1614-1621	जगतसिंह-1 का भाई

कछवाहा राजघराना

कछवाहा वंश की स्थापना राजपूत नरवर शाखा के राजा दूल्हेराय (1036-1037) ने सन 1036 में की. उसके पुत्र राजा कांकिल देव (1037-1038) ने आमेर (अंबर) में अपनी राजधानी स्थापन की, जो अगले पाँच शतक तक वहीं रही.

कछवाहा राजा पृथ्वीराजसिंह-1 (1502-1527) चितौड़ के सिसोदिया महाराणा संग (1473-1527) के सामंत होते थे अत: सन 1527 के खानवा के युद्ध की असफलता के बाद उस संग्राम से लौटे हुए पृथ्वीराजसिंह ने माँची नामक स्थान में अपना स्वतंत्र स्थान जमाया.

राजा भगवानदास कछवाहा (1573-1589) के पश्चात् उसका पुत्र राजा मानसिंह-1 (1589-1614) मुगलों का दास बन गया था. मानसिंह के बाद मीर्जा राजा जयसिंह-1 (1621-1666) ने मुगलों का दास बन कर मराठा शिवाजी राजे (1630-1680) के साथ प्रसिद्ध पुरंदर की संधि की थी.

...आगे देखिए

परिशिष्ट

APPENDIX 6J

26. जयसिंह-1	1621-1666	जगतसिंह-1 का पोता
27. रामसिंह-1	1666-1688	जयसिंह-1 का पुत्र
28. बिशनसिंह	1688-1700	रामसिंह का पोता
29. सवाई जयसिंह-2	1700-1743	बिशनसिंह का पुत्र
30. ईश्वरीसिंह	1743-1750	सवाई जयसिंह-1 का भाई
31. मधोसिंह-1	1750-1768	ईश्वरीसिंह का पुत्र
32. पृथ्वीसिंह-2	1768-1778	मधोसिंह-1 का पुत्र
33. प्रताप सिंह	1778-1803	पृथ्वीसिंह-2 का भाई
34. जगतसिंह-2	1803-1818	प्रतापसिंह का पुत्र
35. जयसिंह-3	1818-1835	जगतसिंह-2 का पुत्र
36. रामसिंह-2	1835-1881	जयसिंह-2 का पुत्र
37. सवाई मधोसिंह-2	1881-1922	रामसिंह-2 का दत्तक पुत्र
38. सवाई मानसिंह-2	1922-1948	मधोसिंह-2 का दत्तक पुत्र

दोहा छंद - कछवाहा राजघराना

वंशज राणा संग के, सूर्यवंश के वीर ।
रघुकुल वंशज सूरमे, जाने थे रणधीर ।। 1
मुगलों ने फैला दियी, जब विनाश की आग ।
गुलाम उनके बन गए, स्वाभिमान को त्याग ।। 2
यथा कहा जयसिंह ने, आन बान को तान ।
गए शिवाजी आगरा, मिलने को सुलतान ।। 3
मगर शिवाजी का हुआ, घोर वहाँ अपमान ।
कैद शिवाजी को किया, धोखे में थे प्राण ।। 4
वादे सब जयसिंह के, निकले बिलकुल झूठ ।
दुखी हुआ जयसिंह था, और गया वह रूठ ।। 5
पछताया वह घोर था, कर न सका विश्वास ।
कितने पानी में खड़ा, उसे हुआ अहसास ।। 6
दिया हुआ तो है मुझे, "मीर्झा" का सम्मान ।
फिर भी मुगलों में मुझे, गुलाम का ही स्थान ।। 7

कछवाहा राजघराना, आगे

पुरंदर की संधि के बाद जयसिंह ने शिवाजी को आगरा दरबार जाने को मना लिया. मगर वहाँ, मुगलों ने शिवाजी को कैद कर लिया. तब जयसिंह के पुत्र राजा रामसिंह कछवाहा (1666-1688) की मदद से शिवाजी कैद से अचानक भाग कर रायगड वापस लौट आए थे.

शिवाजी को आगरा में सुलतान ने कैद में डाल दिया है और उसे मार ड़ालने वाला है यह जान कर राजपूत वीर मीर्झा जयसिंह को मुगलों में अपनी हीन गुलामी अवस्था पर पछतावा और दुख का परम आघात होगया. सोच सोच कर उसे हृदय विकार होगया और बीमार पड़ कर धिक्कार प्राप्त उस महान नेता को लज्जा के साथ मृत्यु प्राप्त हुई.

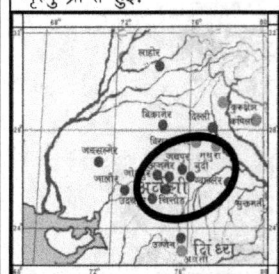

परिशिष्ट

APPENDIX 7

त-अक्षरारंभ के राजप्रवाह

#60. तोमर राजवंश- दिल्ली (736-1192), ग्वालियर (1375-1523)

पूर्व देखिए : **गुर्जर-प्रतिहार राजवंश, भिनमाल, राजस्थान (400–725) #33**

1. अनंगपाल-1 736–754
2. विशाल 754–773
3. गांगेय देव 773–794
4. पृथ्वीमल 794–814
5. जगदेव 814–834
6. नरपाल 834–849
7. उदयपाल 849–875
8. आपृच्छदेव 875–897
9. पीपलरायदेव 897–919
10. रघुपाल 919–940
11. तील्हणपाल 940–944
12. तोलपाल 944–961
13. गोपाल 961–979
14. सुलक्षणपाल 979–1005
15. यशपाल 1005–1021
16. कुंवरपाल 1021–1051
17. अनंगपाल-2 1051–1081
18. तेजपाल 1081–1105
19. महीपाल 1105–1130
20. विजयपाल 1130–1151
21. मदनपाल 1151–1167
22. पृथ्वीराज तोमर 1167–1189
23. **गोविंदराज** 1189–1192

    पृथ्वीराज चौहान का पुत्र

आगे: **चौहान रणथंभौर (1194–1301) #49**

तोमर राजघराना

गुर्जर-प्रतिहार (400–725) राजघराने की सत्ता दिल्ली क्षेत्र पर क्षीण होते समय तोमर राजपूतों ने दिल्ली और आसपास के क्षेत्र पर अपना अधिकार स्थापन कर दिया. तोमर वंश का संस्थापक दिल्ली के लालकोट के निर्माता राजा अनंगपाल (736–754) को माना जाता है.

राजा अनंगपाल-2 (1051–1081) अजयमेरु (अजमेर) के राजा राय पिथौरा पृथ्वीराज चौहान (1177–1192) की पत्नी संयोगिता के नाना थे और कन्नोज का कुविख्यात राजा जयचंद राठौड़ (1170–1194) उसका पिता था. पांडवों के इंद्रप्रस्थ बसाने के हजारों साल बाद तोमर घराने को पुन: दिल्ली राजधानी बसाने का शुभ अवसर प्राप्त हुआ था. दिल्ली के अलावा पंजाब, हरियाणा, ग्वालियर उत्तर प्रदेश के राज्य भी दिल्ली के तोमर शासकों के आधीन थे. इतिहास में राजा अनंगपाल-1 के बीलनदेव, जाऊलदेव आदि नाम भी मिलते हैं.

तोमर राजा मदनपाल (1151–1167) के समय अजयमेरु के प्रतापी शासक विग्रहराज-4 चौहान (1153–1166) ने दिल्ली पर अधिकार स्थापन कर लिया था. मदनपाल तोमर ने विग्रहराज की शूरता से प्रभावित होकर उसे अपनी कन्या देसलदेवी विवाह में दी थी.

#61. ग्वालियर के तोमर :

1. वीरसिंह 1375–1400
2. उद्धरणदेव 1400–1402
3. विरामदेव 1402–1423
4. गणपति 1423–1425
5. डुंगरसिंह 1425–1459
6. कीर्तिसिंह 1459–1480
7. कल्याणसिंह 1480–1486
7. मानसिंह 1486–1516
9. विक्रमादित्य 1516–1523

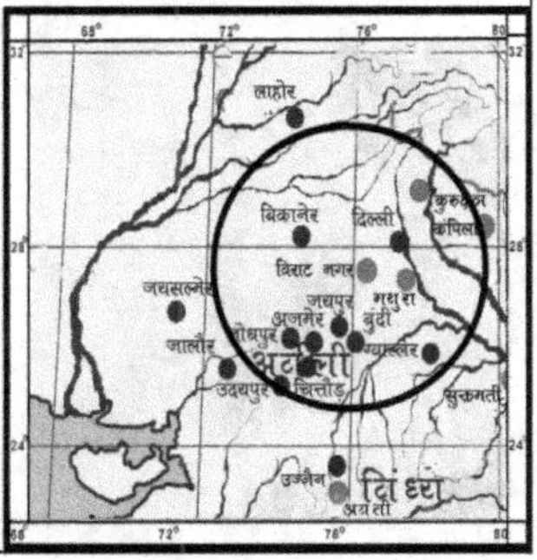

परिशिष्ट

APPENDIX 8

#124. भाटी रावल राजवंश- जैसलमेर, राजस्थान (731-1948)

1.	भाटी		लाहोर में स्थापित
2.	मंगल		भाटी का पुत्र
3.	माजम राओ		मंगल का पुत्र
4.	केहर सिंह	731–806	माजम का पुत्र
5.	तानो सिंह	806–821	केहर का पुत्र
6.	विजय-1	821–853	तानो का पुत्र
7.	देवराज	853–908	विजय का पुत्र
8.	मुंध	908–979	देवराज का पुत्र
9.	विजय-2	979–1044	मुंध का पुत्र
10.	दुसज	1044–1123	विजय-2 का पुत्र
11.	भोजदेव	1123–1155	विजय-2 का पोता
12.	जैसाल	1155–1167	भोजदेव के चाचा
13.	शालिवाहन	1167–1189	जैसाल का पुत्र
14.	बलदेव	1189–1189	जैसाल का पुत्र
15.	कैलन	1189–1218	महाराणा मोकल का भाई
16.	चकचकदेव-1	1218–1242	बलदेव का पुत्र
17.	करन सिंह	1242–1270	चकचकदेव का पुत्र
18.	लक्ष्मणन सेन	1270–1274	करन सिंह का पुत्र
19.	पुण्यपाल	1274–1276	लखन सेन का पुत्र, चित्तौड़ की महारानी पद्मावती के पिता
20.	जैतसिंह-1	1276–1293	पुण्यपाल का भाई
21.	मूलराज-1	1293–1295	जैतसिंह का पुत्र
22.	दुदर	1295–1311	मूलराज का पुत्र
23.	विशालदेव	1311–1316	दुदर का भाई
24.	घरसिंह	1316–1334	
25.	केहर सिंह	1334–1394	दत्तक पुत्र
26.	लक्ष्मण	1394–1439	केहर सिंह का पुत्र

भाटी राजघराना

वीर भाटी अथवा भट्टी यदुवंशीय अर्थात् सोमवंशीय राजपूत थे. भाटी राजपूत रावल लाहोर में स्थित था. भाटी राजपूतों में जाट और गुर्जर समाज आते हैं. केहर सिंह भाटी ने सन 730 के बाद राजस्थान में तंतोत नगर बसा कर राजधानी बनाई. 853 में विजय रावल ने लोदुरवा में राजधानी बसाई. 1155 में जैसाल राजा ने जैसालमेर नामक राजधानी बसाई और जैसालमेर किला बनवाया.

आगे चल कर भाटी राजपूत अंबर, बीकानेर, बूँदी, जोधपुर, कनौज, मेवाड़, मालवा, आदि स्थानों में स्थापित होगए. चित्तौड़ की विख्यात रानी पद्मिनी राजा पुण्यपाल राजा (1274-1276) की सुपुत्री थी.

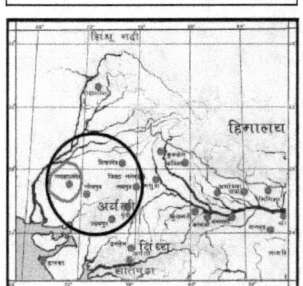

परिशिष्ट

APPENDIX 8, Page 2

17.	बेर सिंह	1439-1449	लाक्ष्मण सिंक का पुत्र
18.	चकचकदेव-1	1449-1455	बेर सिंह का पुत्र
19.	देवीदास	1455-1496	चकचकदेव-1 का पुत्र
20.	जैतसिंह-1	1496-1528	देवीदास का पुत्र
21.	करन सिंह	1528-1528	जैतसिंह-1 का पुत्र
22.	लूनकरन	1528-1550	करन सिंह का भाई
23.	मालदेव	1550-1561	लूनकरन का पुत्र
24.	हरराज	1561-1577	मालदेव का पुत्र
25.	भीम सिंह	1577-1613	हरराज का पुत्र
26.	कल्याण सिंह	1613-1627	भीम सिंह का भाई
27.	मनोहर दास	1627-1648	कल्याण सिंह का पुत्र
28.	रामचंद्र	1648-1651	
29.	सबल सिंह	1651-1661	
30.	अमर सिंह	1661-1702	सबल सिंह का पुत्र
31.	यशवंत सिंह	1702-1708	अमर सिंह का पुत्र
32.	बुध सिंह	1708-1720	यशवंत सिंह का पुत्र
33.	तेज सिंह	1720-1722	बुध सिंह का भाई
34.	सवाई सिंह	1722-1722	तेज सिंह का पुत्र
35.	अखै सिंह	1722-1762	यशवंत सिंह का पुत्र
36.	मूलराज-2	1762-1819	अखै सिंह का पुत्र
37.	गजसिंह	1819-1846	मूलराज-2 का पोता
38.	रणजीत सिंह	1846-1864	गज सिंह का पुत्र
39.	बैरीसाल	1864-1890	
40.	शालिवाहन	1890-1914	बैरीसाल का दत्तक पुत्र
41.	जवाहर सिंह	1914-1949	शालिवाहन का दत्तक पुत्र
42.	गिरधिर सिंह	1949-1950	जवाहर सिंह का पुत्र

परिशिष्ट

APPENDIX 9

राठौड़ राजवंश- जोधपुर-बीकानेर-किशनगढ़ (1250-1948)

१. राठौड़ राजवंश, जोधपुर (1250-1948)
२. राठौड़ राजवंश, बीकानेर (1465-1948)
३. राठौड़ राजवंश, किशनगढ़ (1609-1948)

#144. राठौड़ राजवंश, जोधपुर (1250-1948)

1.	राव सीहा	1250-1273	
2.	राव अस्थान	1273-1292	
3.	धूहड़ सिंह	1292-1309	
4.	रायपाल सिंह	1309-1313	
5.	कनपाल सिंह	1313-1323	
6.	जालाणसी	1323-1328	
7.	छाड़ा सिंह	1328-1344	
8.	तीड़ा सिंह	1344-1357	
9.	सलखा सिंह	1357-1374	
10.	विरम सिंह	1374-1394	
11.	राव चुण्डा सिंह	1394-1423	
12.	कान्हा सिंह	1423-1427	चुण्डा सिंह का पुत्र
13.	रणमल सिंह	1427-1427	कान्हा सिंह का भाई
14.	सता सिंह	1427-1438	कान्हा सिंह का पुत्र
15.	**राव जोधा सिंह**	**1438-1489**	**रणमल का पुत्र**
16.	सातल सिंह	1489-1492	राव जोधा सिंह का पुत्र
17.	सुजा सिंह	1492-1515	सातल सिंह का भाई
18.	गंगा सिंह	1515-1532	सुजा सिंह का पुत्र
19.	मालदेव सिंह	1532-1562	गंगा सिंह का पुत्र
20.	चंद्रसेन	1562-1582	
21.	राय सिंह	1582-1583	
22.	उदय सिंह	1583-1595	मालदेव सिंह का पुत्र
23.	शूर सिंह	1595-1619	उदय सिंह का पुत्र
24.	गज सिंह	1619-1638	शूर सिंह का पुत्र
25.	जसवंत सिंह-1	1638-1678	गज सिंह का पुत्र

राठौड़ राजघराना

कन्नौज नगर बसाने वाला सूर्यवंश का यह प्रतापी राजघराना जितना कीर्तिमान था उतना ही गहड़वाल राजा जयचंद राठौड़ (1170-1194) के कुलद्रोह, गद्दारी और कमीनेपन से इतिहास में चीरकाल के लिए बदनाम भी है. जयचंद की वंशावली में राजा चंद्रदेव (1080-100), मदन पाल (1100-1114), गोविंदचंद्र पाल (1114-1155), **जयचंद** (1170-1194) और हरिश्चंद्र (1194-1200) राजा थे. यही अंतिम राजा हरिश्चंद्र वाराणसी से जोधपुर (राजस्थान) भाग गया था.

अजमेर-दिल्ली के महाराणा पृथ्वीराज चौहान (1177-1192) की घातक मृत्यु के बाद जब राजा जयचंद भी मारा गया तब उसके पुत्र मुँह छुपाने के लिए गढ़वाल से भाग कर राजस्थान में जा बसे.

आगेवाले समय में इस राठौड़ वंश के जोधपुर (1250-1948), बीकानेर (1465-1948) और किशनगढ़ (1609-1948) स्थित तीन महान राजघराने बन गए थे. आगे देखिए ...

परिशिष्ट

APPENDIX 9, Page 2

26. दुर्गा सिंह	1678-1707	जसवंत सिंह का पुत्र
27. अजित सिंह	1707-1724	दुर्गा सिंह का भाई
28. अभय सिंह	1724-1749	अजीत सिंह का पुत्र
29. राम सिंह	1749-1751	अभय सिंह का पुत्र
30. बखत सिंह	1751-1752	राम सिंह का भाई
31. विजय सिंह	1752-1793	बखत सिंह का पुत्र
32. भीम सिंह	1793-1803	विजय सिंह का पोता
33. मान सिंह	1803-1843	भीम सिंह का भाई
34. तख्त सिंह	1843-1873	अजीत सिंह का रिश्तेदार
35. जसवंत सिंह-2	1873-1895	तख्त सिंह का पुत्र
36. सरदार सिंह	1895-1911	जसवंत सिंह-2 का पुत्र
37. सुमेर सिंह	1911-1918	सरदार सिंह का पुत्र
38. उम्मेद सिंह	1918-1947	सुमेर सिंह का भाई
39. हनवंत सिंह	1947-1948	उम्मेद सिंह का पुत्र

#145. राठौड़ राजवंश, बीकानेर (1465-1948)

1. राव बिका	1465-1504	जोधपुर वाले जोधा का पुत्र
2. नरसी सिंह	1504-1505	राव बाँका का पुत्र
3. लूणकरण	1505-1526	नरसी सिंह का भाई
4. जैतसी सिंह	1526-1542	लूणकरण का पुत्र
5. कल्याणमल	1542-1573	जैतसी सिंह का पुत्र
6. राय सिंह	1573-1612	कल्याणमल का पुत्र
7. दलपत सिंह	1612-1613	राय सिंह का पुत्र
8. शूर सिंह	1613-1631	दलपत सिंह का भाई
9. कर्ण सिंह	1631-1669	शूर सिंह का पुत्र
10. अनूप सिंह	1669-1698	कर्ण सिंह का पुत्र
11. स्वरूप सिंह	1698-1700	अनूप सिंह का पुत्र
12. सुजान सिंह	1700-1736	स्वरूप सिंह का भाई
13. जोरावर सिंह	1736-1746	सुजान सिंह का पुत्र
14. गज सिंह	1746-1787	जोरावर सिंह का भतीजा
15. राज सिंह	1787-1787	गज सिंह का पुत्र

राठौड़ राजघराना, आगे

१. राठौड़ राजवंश, जोधपुर : इस घराने का संस्थापक था राव सीहा (1250-1273). इसका वंशज राव चुण्डा सिंह (1394-1423) महा प्रतापी वीर था. उसने मंडोर (मांडू) का किला जीत कर वहाँ अपनी राजधानी बसाई.

राव चुण्डा के वंशज राव जोधा (1438-1489) ने अपना राजवंश जोधपुर में स्थापन किया. राव जोधा के पुत्र राव बीका (1465-1504) ने अपना अलग राजघराना (1465-1948) बीकानेर में स्थापन किया.

जोधपुर शाखा के राजा शूरसिंह (1595-1619) ने मुगलों की गुलामी स्वीकार कर ली थी. उसके बाद उसके पोते जसवंत सिंह (1638-1678) ने मराठा राजे छत्रपति शिवाजी (1630-1680) के विरोध में लड़ाइयाँ लड़ कर मुगलों की दक्षिण की सुभेदारी ली थी.

२. राठौड़ राजवंश, बीकानेर : जोधपुर राठौड़ राजघराने (1250-1948) के राजा राव जोधा सिंह (1438-1489) के पुत्र राव बिका (1465-1504) ने सन 1465 में बीकानेर नगर स्थापन करके उसे अपनी राजधानी बनाया था.

आगे देखिए...

परिशिष्ट

APPENDIX 9, Page 3

16.	प्रताप सिंह	1787–1787	राज सिंह का पुत्र
17.	सूरत सिंह	1787–1828	प्रताप सिंह का पुत्र
18.	रतन सिंह	1828–1851	सूरत सिंह का पुत्र
19.	सरदार सिंह	1851–1872	रतन सिंह का पुत्र
20.	डुंगर सिंह	1872–1887	सरदार सिंह का रिश्तेदार
21.	गंगा सिंह	1887–1943	डुंगर सिंह का भाई
22.	शार्दूल सिंह	1943–1948	गंगा सिंह का पुत्र

#146. राठौड़ राजवंश, किशनगढ़ (1609-1948)

1.	हरि सिंह-1	1609–1611
2.	**किशन सिंह**	**1611–1615**
3.	साहस सिंह	1615–1618
4.	जगमल सिंह	1618–1629
5.	हरि सिंह-2	1629–1643
6.	रूप सिंह	1643–1658
7.	मान सिंह	1658–1706
8.	राज सिंह	1706–1748
9.	बहादुर सिंह	1748–1748
10.	सामंत सिंह	1748–1765
11.	सरदार सिंह	1765–1781
12.	बीदर सिंह	1781–1788
13.	प्रताप सिंह	1788–1798
14.	कल्याण सिंह	1798–1839
15.	मोखम सिंह	1839–1841
16.	पृथ्वी सिंह	1841–1879
17.	शार्दूल सिंह	1879–1900
18.	मदन सिंह	1900–1926
19.	यज्ञनारायण सिंह	1926–1929
20.	सुमेर सिंह	1929–1948

राठौड़ राजघराना, आगे

२. राठौड़ राजवंश, बीकानेर : आगे ...
राव बिका सिंह का पोता लूनकरण सिंह (1505–1526) को कलियुग का कर्ण उपाधि प्राप्त थी। जोधपुर घराने के राजा मालदेव सिंह (1532–1562) का पुत्र उदय सिंह (1583–1595) सन 1596 में अजमेर में आकर बसा। उसका पोता किशन सिंह (1611–1615) सन 1609 में किशनगढ़ में आकर बसा और उसने अपना नया राजघराना (1609–1948) आरंभ किया।

3. राठौड़ राजवंश, किशनगढ़ :

महाराजा किशन सिंह (1611–1615) एक बहुत बुद्धिमान एवं कुशल शासक था। महाराजा रूप सिंह (1643–1658) ने सन 1649 में किशनगढ़ का किला बनवाया जिसे महाराजा के सम्मान में रूपनाथ गढ़ नाम मिला था।

किशनगढ़ राजाओं ने कला को बहुत प्राधान्य दिया था। उनकी बानी-थानी चित्रकला अमर होगई है।

परिशिष्ट
APPENDIX 10

नेपाल के नौ हिंदू राजवंश (900BC-1948AD)

१. गोपाल आहीर राजवंश (सनातन काल)
२. किरात राजवंश (900 BC-205 AD)
३. सोम राजवंश (205-305)
४. लिच्छवी राजवंश (305-605)
५. अंशुवर्मा राजवंश (605-879)
६. राघव राजवंश (879-1046)
७. ठाकुर राजवंश (1046-1200)
८. मल्ल राजवंश (1200-1768)
९. गुरखा शाह राजवंश (1768-1948)

नेपाल के नौ हिंदू राजघराने

नेपाल का हिंदुराष्ट्र तराई मैदान और हिमालय शिखरों के बीच दस-हजार फूट ऊँचाई तक फैला हुआ प्रदेश है, जिसमें नदियाँ, पहाड़ी इलाके, निबिड़ अरण्य, समतल भूमि और उपजाऊ जमीन भी है. इस इलाके के कुछ दुर्गम शिखरों के नाम हैं एवरेस्ट (29,200 ft.); कांचनगंगा (28,100); मकालु (27,700); मनसालु (27,000); धवलागिरी (26,800); गुसाईनाथ (26,300); हिमाचुली (25,800); गौरीशंकर (23,400); आदि. इन उत्तुंग शिखरों से निकली हुई शारदा, शरयु, गंडकी, कोरी आदि नदियाँ गंगा नदी से मिलती हैं.

विश्व के एक मात्र हिंदुराष्ट्र नेपाल का उल्लेख महाभारत (वन. 254.7) और पुराणों में आदर से किया गया है. यहाँ के आदिवासियों का ईसवी पूर्व नवीं शती से कम से कम नौ प्रमुख राजवंशों में बँटा हुआ इतिहास ज्ञात है.

दोहा छंद : हिंदुराष्ट्र नेपाल

हिंदुराष्ट्र नेपाल का, जग में एक विशेष ।
जिसका संगी है खड़ा, महान भारत देश ।।

परिशिष्ट

संदर्भ ग्रंथ

1. राय बहादुर गौरीशंकर हीराचन्द ओझा, वीर–शिरोमणि महाराणा प्रतापसिंह, वैदिक यन्त्रालय अजमेर, वि.सं 1985.

2. रत्नाकर नराले, शिवाजी चरित्र दोहावली, पुस्तक भारती, 2022

3. रत्नाकर नराले, हिंदू राजतंगिणी, पुस्तक भारती, 2022

4. सुखवीरसिंह गहलोत, राजपूताने का इतिहास, हिन्दी साहित्य मंदिर, मेड़ती दरवाजा, जोधपुर, वि.सं 2017.

5. Rima Hooja, Maharana Pratap : The Invincible Warrior, Juggernaut Publishing, 2019